世界宗教の条件とは何か

What Are the Requirements of a World Religion?

佐藤 優
Masaru Sato

潮出版社

世界宗教の条件とは何か

本書は、２０１７年9月～12月にかけて
創価大学にて行われた課外連続講座をまとめたものです。

目次

世界宗教の条件とは何か

第4章　世界宗教は社会とどう向き合うべきか

第5章　世界宗教にとっての「普遍化」とは　151

第1章

世界史から考える「世界宗教化」

創価学会が「世界三大宗教」の一つとなる未来

みなさんこんにちは、佐藤優です。今日から全一〇回にわたる課外連続講座を、「世界宗教の条件」という通しテーマのもとで行ってまいります。

創価大学では過去二回ほど講演を行いましたが、このような課外連続講座形式で話すのは今回が初めてです。

当然のことですが、創価大学で学ぶ学生が創価学会員であるとは限りませんし、学生らの個々の信条や宗教を聞くこともないと聞いています。そして、現在は欧米やアジア、アフリカ、イスラム圏などの五大陸から学生が集い、多様性あふれるキャンパスになっているそうですね。その中で、今回は一六名のみなさんに公募によって受講を希望してもらいました。

ご存じのとおり、私自身はプロテスタントのキリスト教徒であり、神学者でもあります。この中には創価学会の会員という人がいるかもしれませんが、そのみなさんとは異なる信仰を持っているわけです。それでも、そのみなさんの「人生の師匠」であり、創価大学の創立者でもある創価学会の池田大作第三代会長を、深く尊敬しています。そして、創価学会についても、一人の宗教人として非常に強い関心を抱いています。

キリスト教徒の私が、なぜ池田会長を尊敬し、創価学会に強い関心を抱いているのか？　その背景にはさまざまな要因ときっかけがあって、一言ではとても語りきれません。ただし、その中でいちばん強い要因を一つだけ挙げるとすれば、「創価学会の世界宗教化」という現象に対する関心です。

既存の世界宗教といえば、キリスト教でありイスラム教ですね。ふつう、「世界三大宗教」といえば、キリスト教・イスラム教・仏教が挙げられます。しかし、そのうちの仏教――すなわち現在の既成仏教各派は、もはや「世界宗教」と呼び得るだけの広がりを持っていないと私は考えています。このことは、第三章で改めて論じます。

それに対して、日本発の仏教教団である創価学会は、すでに世界一九二カ国・地域にまで広がっていて、いままさに「世界宗教化」の途上にあります。

一九二カ国・地域に拠点があるとはいえ、中には、まだその国に根付き始めて間もなく、会員が少ない国もあります。それでも、五〇年後、一〇〇年後の遠い未来を考えるなら、創価学会が現在の既成仏教各派を凌駕《りょうが》するほど世界に広がって、新たな世界宗教になると思います。

たとえば、いまから一〇〇年後、ひいては五〇〇年後くらいの歴史教科書には、「世界三大宗教」として、「キリスト教・イスラム教・仏教」ではなく、「創価学会・キリスト教・イスラム教」と書かれているかもしれません。

私がいろんなところでこの話をすると、「創価学会に対するリップサービス」――つまり「お世辞」として受け止める人もいるようです。しかし、けっしてそうではありません。半世紀、一世紀という長いスパンで見るなら、「創価学会が世界三大宗教の一つとなる時代」が必ずやってくると、私は本気で考えているのです。なぜなら、現在の創価学会は「世界宗教となるための条件」の数々をきちんと備えているからです。

この課外講座では、そのことをさまざまな角度から語っていきます。全体のテーマを「世界宗教の条件」としたのは、そのためです。つまり、「創価学会の世界宗教化」という現在進行形の現象を題材に、「世界宗教の条件とは何か?」を考えていくことが、この課外講座に通底するテーマなのです。

私はキリスト教徒で神学者ですから、自らが信じるキリスト教の世界宗教化のプロセスに、強い関心があります。しかし、「キリスト教の世界宗教化」はとうの昔に完成していますから、私はそれを歴史として学ぶことしかできません。

一つの大きなメルクマール(指標)として、西暦三一三年にローマ帝国のコンスタンティヌス帝が発した「ミラノ勅令《ちょくれい》」が、キリスト教の世界宗教化の端緒《たんしょ》と考えられています。それまでローマ帝国ではキリスト教は非合法な宗教として弾圧されていましたが、「ミラノ勅令」によって公認・合法化されました。そして、ローマ帝国の統一後に全ローマで公認され、「国教」になっていくのです。

言い換えれば、ミラノ勅令によって、キリスト教はローマ帝国において「与党化」したのです。

これもあとでくわしく論じますが、「与党化」は世界宗教化の要件の一つです。

しかし、ローマ帝国の時代ははるか昔ですから、どんなに歴史書で学んでも、私はその当時のことを「実感」としては感じられません。つまり、キリスト教がどのように世界宗教化していったかを、我が事として体験することはできないのです。

それに対して、創価学会の世界宗教化は、二十一世紀のいま、本格的に始まったばかりです。私はその世界宗教化の過程を、同時代人として逐一《ちくいち》見て体験することができるわけです。キリスト教神学者である私にとって、これほどかけがえのない体験はありません。それが、私が創価学会に強い関心を抱いている理由の一つなのです。

じっさい、創価学会の世界宗教化プロセスをくわしく追うことによって、私のキリスト教理解は以前よりも深まりました。なぜなら、学会の世界宗教化からのアナロジー（類推）によって、キリスト教の世界宗教化プロセスもいっそう深く理解できるようになったからです。

それまで歴史書の記述としてしか理解できなかったことが、「ああ、そうか。キリスト教の歴史の中で起きたあの出来事は、現代に即して言えばこういうことだったのか」と、実感として理解できるようになったのです。

そう感じるのは、おそらく私だけではないでしょう。キリスト教やイスラム教の専門家で、創価学会に深い関心を寄せている人は世界中にたくさんいます。彼らの中には、「現在進行形の世界宗教化」の稀有《けう》なモデルケースとして、創価学会に関心を向けている人も多いはずです。

キリスト教とのアナロジーで創価学会を考える

私同様、「創価学会の世界宗教化」に関心を抱く人は、近年になって日本でも増えてきたようです。ただ、キリスト教やイスラム教の専門家がそのことを論じる場合と、宗教にくわしくなくて、ジャーナリスティックな興味から「なぜ創価学会は世界に広まりつつあるのか?」に関心を抱く人が論じる場合は、考察の深さにおのずと差が生じてきます。

なぜかというと、私のようなキリスト教の専門家は、つねにキリスト教とのアナロジーによって創価学会を考えることができるからです。

宗教に限らず、何について考察する場合もそうですが、アナロジーというものは、物事の本質を一瞬でつかむための強力な武器になります。目の前にある現象について、その現象だけを見ていたらわからなかったことが、アナロジーを使うと一瞬でパッと理解できる場合も多いのです。

たとえば、創価学会の歴史の中の重要な出来事として、日蓮正宗宗門との訣別《けつべつ》という事件がありました。これは平成の初め――いまから三〇年近く前の出来事ですから、若いみなさんはくわしくは知らないかもしれません。でも、創価学会員であれば、ご両親や先輩から教わって、事件のあらましくらいは知っているでしょう。

宗門と訣別したことによって、創価学会ではそれまで僧侶にまかせていた事柄を、すべて自前で行うようになりました。

たとえば、訣別以前には学会員のお葬式に宗門の僧侶を呼んでいたわけですが、訣別後は僧侶抜きの葬儀が普通になりました。いわゆる「友人葬」ですね。友人葬では僧侶に代わって地元の学会幹部が「導師」を務めますし、僧侶に渡していたような「お布施《ふせ》」も一切必要ありません。これは、日本における大変な〝葬儀革命〟でした。

また、御本尊の下付は以前は宗門僧侶の専権事項だったのに対し、訣別後は学会が御本尊を下付する形になりました。一言で言えば、宗門との訣別以後、創価学会は「聖職者不要の宗教団体」になったのです。

そのような一連の改革が進んでいたころ、私は外交官としてソ連・ロシアにいました。当時から学会員の友人知人は少なくなかったものの、いまのように創価学会のみなさんと深く付き合っていたわけではありません。それでも、日本からの報道によって、宗門との訣別に至るプロセスは知っていました。

それらの報道に触れたとき、私は五〇〇年前のヨーロッパで起きた宗教改革（一五一七年）とのアナロジーによって、ことの本質を即座に理解することができました。「これは要するに、宗教改革によってカトリックからプロテスタントが分離したプロセスと同じだ」と思ったのです。

宗教改革を始めたのはマルティン・ルターですね。ルターは「万人祭司」説を唱えました。これは「神の目から見れば、すべてのキリスト教徒が祭司である。聖職者だけが祭司となり、神と信徒を結ぶ特別な力を持つという考え方は間違っている」という説です。この万人祭司説が、現在に至るまでプロテスタントの根本的な教理の一つになっています。ですから、プロテスタントに「聖職者」はいません。祭司のことは「教職者（牧師）」と呼びます。

この「祭司」という言葉を、しいて日本語に置き換えれば「僧侶」になります。つまり「万人祭司」とは、イコール「万人僧侶」――「信徒全員が僧侶の役割を兼ねるから、特別な聖職者は必要ない」という考え方なのです。

そこまで言えば、私の言いたいことは概《おおむ》ねわかるでしょう。中世ヨーロッパの宗教改革の流れとルターの万人祭司説を知っていれば、平成の初めに起きた創価学会と宗門の訣別は、歴史的必然であったことがわかります。

じつは訣別のはるか以前から――それこそ戦前の創価教育学会の時代から、学会の信仰のあり方は「万人祭司」的だったのです。というのも、牧口常三郎初代会長の時代から、学会員は勤行・唱題も自分たちで行い、折伏もやり、教学も学んでいたからです。「僧侶だけがお経を唱え、教学を学ぶ」という、既成仏教における僧侶と檀徒《だんと》のような関係ではなかった。そのころから、その気になれば一般会員が僧侶の役割をすべて代替することは可能だったのではないでしょうか。

しかし、平成になるまで、創価学会は葬儀の導師や御本尊下付といった役割を、宗門の僧侶にまかせていました。それは本質的には不自然な立て分けで、いずれは聖職者が必要なくなる「万人僧侶」の時代が学会に到来することは、歴史的必然だったと私には見えるのです。そしてそれは、阿部日顕《にっけん》という法主《ほっす》（宗内の行政を管轄する長）が日蓮正宗に出現し、彼が創価学会の切り捨てを目論《もくろ》んだことで現実となったわけです。

そして、宗門との訣別は、創価学会が世界宗教化を本格化させるための、大きな推進力の一つになりました。というのも、宗門の考え方はあまりにも前近代的であって、宗門と一緒のままであったら、彼らは学会の世界宗教化を邪魔《じゃま》する足枷《あしかせ》になったに違いないからです。

前近代的な考え方の一例を挙げます。

宗門との訣別に至った一連の経緯の中で、創価学会の幹部会でベートーヴェンの「歓喜の歌」を原語のドイツ語で合唱することについて、宗門側が批判したことがありました。シラー作の原詩に、「神々」という言葉が出てくることが問題視されたのです。〃この「神々」はキリスト教の神を意味すると考えられるから、その神を賛嘆《さんたん》する歌詞を持つ「歓喜の歌」を学会の会合で合唱することは、「外道礼賛《げどうらいさん》」の「謗法《ほうぼう》」に当たる〃とされたのです。

しかし、ベートーヴェンの「歓喜の歌」といえば、EU（欧州連合）が「欧州の歌」に定めているくらい、人類全体の輝かしい文化遺産ともいうべき名曲です。「キリスト教徒だけのもの」などという次元を、とうに超えているのです。それを学会の会合で歌うのは謗法だからけしからん、などという宗門の感覚は、時代錯誤《さくご》もはなはだしい。そのような感覚のままであったなら、キリスト教文化圏にしっかりと根付いていくことは難しかったでしょう。かりに学会が宗門と訣別せず、「創価学会ではベートーヴェンの『歓喜の歌』をドイツ語で合唱することは外道礼賛に当たるので、禁止です」などと言ったなら、キリスト教圏の人々に呆《あき》れられたに違いありません。

つまり、現時点から考えるなら、平成の初めに宗門と訣別したからこそ、彼らの足枷から解き放たれ、創価学会は世界宗教化を本格化できたのです。

「宗門との訣別」は、先に挙げた「与党化」と並んで世界宗教の条件の一つなのですが、これもくわしくは改めて論じます。

ともあれ、キリスト教の歴史をよく知っていたからこそ、私には学会と宗門の訣別という出来事の本質が即座に理解できました。これがアナロジーの持つ力です。「宗門対創価学会の確執」という目の前の出来事だけを見ていてもわからないことが、創価学会員ではなくても、キリスト教の歴史とのアナロジーによって、すんなりとわかるのです。

一方、宗門と学会の訣別について、その当時報じていた週刊誌記事などをいま改めて読むと、的外れな論評のオンパレードです。週刊誌記者には宗教に無知な人も多いので、彼らにはルターの万人祭司説とのアナロジーでこの出来事を考察するような視点は持ち得なかったのでしょう。

いま言ったような、「キリスト教の歴史とのアナロジーで創価学会の世界宗教化を考える」ということが、この課外講座全体をつらぬく方法論になります。

私はキリスト教の専門家だからこそ、創価学会の世界宗教化の持つ本質が、少なくとも宗教に無知な論者よりはずっとよく見えます。その視点からわかることを、みなさんにお伝えしていくのがこの課外講座なのです。

そして、この講座は「漆《うるし》塗り方式」でやります。漆塗りは日本が世界に誇る美しい「漆器《しっき》」を作る技法ですが、その特徴は丹念な重ね塗りにあります。漆塗りは木地調整・下地工程・塗り工程の三つに分けられますが、三つを合わせると三〇〜四〇工程にもなるのだそうです。それだけ塗りを重ねるからこそ、漆器には独特の深みのある美しい艶《つや》と光沢が生まれるのですね。

この課外講座も、「創価学会の世界宗教化をキリスト教とのアナロジーで考える」という「塗り」の工程を、角度を変えつつ、何度も何度もくり返します。そうすることによって、私の言いたいことをみなさんに深い次元で理解してもらえると思うからです。

漆塗り方式だからこそ、一度言ったことを別の角度、別の言葉でくり返すこともあるでしょう。ですから、「その話は前に聞いた」と思うのではなく、「ああ、漆塗りの工程なんだ」と思って聞いてください。

ルターが始めたボウリング——宗教現象の世俗化

二〇一七年（この講座が行われた年）は、ヨーロッパにおいては大きな歴史の節目に当たります。というのも、「宗教改革五〇〇年」という一大アニバーサリーであるからです。

一般に宗教改革の始まりとされているのは、ルターがヴィッテンベルク城内の教会の門扉に、「九五カ条の論題」を貼り出した出来事です。

当時、ローマ教会は信者に対して「贖宥状《しょくゆうじょう》」（免罪符）というものを販売していて、そのお札を買うと現世での罪が神に赦《ゆる》され、天国に行けると吹聴していました。ヴィッテンベルク大学の神学教授であったルターは、この「贖宥状」販売に疑義を抱いて、公開質問状として「九五カ条の論題」を書いたのです。

この「九五カ条の論題」が貼り出されたのが一五一七年ですから、二〇一七年は宗教改革が始まってから五〇〇年目の佳節となるわけです。

キリスト教圏、とくにプロテスタントにとっては重要な歴史の節目であり、かなり盛り上がったのですが、日本ではほとんど盛り上がりませんでした。日本にはキリスト教徒自体が少ないので、無理もないのですが……。

東京の六本木に、「東洋英和女学院」という、プロテスタント系の私立女子一貫校があります。二〇一七年に、東洋英和女学院は学生たちを対象に、「宗教改革五〇〇年記念院長杯」と銘打ったボウリング大会を、東京プリンスホテルのボウリング場を借り切って開催しました。

「えっ？　どうして宗教改革記念でボウリング大会なの？」と不思議に思うでしょうが、じつはボウリングと宗教改革には深い関係があるのです。

ボウリングの原型は古代からあって、それは倒すピンを悪魔や災厄《さいやく》に見立てて行う一種の宗教儀式でした。「ピンをたくさん倒せたら悪魔を追い払える、災厄を免れる」と考えて行うものであり、たんなる遊戯《ゆうぎ》ではなかったのです。

ただ、古代からのボウリングは、国や地域によってルールもまちまちでした。それをルターが、「ピンは九本にして、ひし形に並べる」という統一ルールを考案して広めたのです。これが、現在のボウリングの直接の起源になりました。同大学が宗教改革五〇〇年を記念したボウリング大会を開催したのも、当然そのことをふまえたものです。

プロテスタント系の学校といっても、敬虔《けいけん》なキリスト教徒の生徒・学生ばかりがいるわけではありません。いまどきの学生たちに宗教改革五〇〇年という節目を意識させるには、ボウリングという仕掛けが必要だったわけです。

さて、「ルターが考案したボウリングはピンが九本だった」と言いましたが、いまのボウリングはピンが一〇本ですよね。その違いが生まれた経緯は、なかなか興味深いものです。

アメリカは清教徒（ピューリタン）――イングランド国教会の改革を唱えたプロテスタントのグループ――が移住して作った国ですが、清教徒たちがアメリカに渡ると、彼らとともにボウリングも伝わり、盛んになりました。もちろん、ルターが考案した九本ピンのボウリングです。

ところが、元々は宗教儀式であったボウリングは、アメリカに渡ってからだんだん世俗化していきました。西部開拓時代に、男たちが酒をめぐる賭け事にボウリングを用いるようになったのです。

やがて禁酒法時代になると、酒がらみのギャンブルになっていたボウリングも、米政府によって法律で禁止されてしまいました。その禁止を回避するために始まったのが、ピンを一本足して行うボウリングだったのです。「これはピンが一〇本だから、禁止されているボウリングとは別物だよ」と、法律の抜け穴をくぐってボウリングを楽しむ者が増えた。そして、いつしか一〇本ピンのボウリングのほうが、ゲームとして一般的になったというわけです。

元々は宗教儀式だったものが、アメリカに渡って単なる遊戯に変わっていくというのは、興味深いですね。クリスマスやバレンタイン・デイの変遷《へんせん》を見てもわかりますが、「元々は宗教現象・宗教儀式であったものが、宗教性が徐々に薄れて世俗化していく」というプロセスが、あらゆる分野で起きているのが、近代以降の歴史の流れなのです。

ちなみに、ルターが考案した九本ピンのボウリングは、「ナインピンズ・ボウリング」と呼ばれていまでもヨーロッパで盛んです。もっとも、この「ナインピンズ・ボウリング」もいまではたんなるゲームで、元々の宗教性は消え去っていますが……。

逆に言うと、いまは完全に世俗化している現象・出来事の中にも、注意深く観察していると、その根底にある宗教性が感じられる場合があります。その一例として私が挙げたいのは、毎年大晦日に放映されるＮＨＫテレビの「紅白歌合戦」です。

私はテレビを観ないのですが、「紅白歌合戦」がどういうものかは知っています。あの番組は、構成がとくに巧みであるわけでもないし、正直、国民の多くが一斉に観るほど面白いものだと思えません。にもかかわらず、「紅白歌合戦」はいまだに毎年、かつてほどではないにせよ高視聴率を叩《たた》き出します。それはなぜか？　私は、「紅白歌合戦」に秘められた宗教性があるからだと思います。

もちろん宗教そのものではないにせよ、視聴者の多くは薄々、あの番組を観る行為の中にある「宗教性」を感受しているのです。そう考える最大のポイントは、大晦日の午後十一時四十分すぎ――つまり「あと十五分くらいで今年が終わる」という時刻にさしかかると、「蛍の光」を全員で合唱してフィナーレを迎えるという「紅白歌合戦」の構成にあります。それにつづいて放映されるのは、「ゆく年くる年」。全国のお寺の「除夜の鐘」が紹介され、日本列島が新年を迎えるまでがリポートされる「年越し番組」です。

私が思うに、「紅白歌合戦」とそれにつづく「ゆく年くる年」は、ワンセットの「創造の儀式」なのです。

「紅白歌合戦」はある意味でドンチャン騒ぎのお祭りで、一年という時の流れをぎゅっと凝縮して表現するような「カオス（混沌《こんとん》）」がそこに現出します。しかし、「蛍の光」でフィナーレを迎え、テレビ画面の中に「除夜の鐘」が鳴り響くと、それを伝えるアナウンサーの口調も、一転して静かで厳粛《げんしゅく》なものになります。これは、「カオスからコスモス（秩序）を創り出す」というセレモニーなのだと思います。

テレビの前に座ってその「創造の儀式」を共有することで、日本人は「一年が終わり、新しい年が始まる」ことを、ある種の宗教的感覚の中に実感する。つまり、ここにも「宗教現象の世俗化」の一例があるわけです。

一神教世界の時の流れは「目的論」的

いまの「一年が終わり、新しい年が始まる」という実感について、「それは誰もが感じる、あたりまえの実感ではないか」と思った人もいるかもしれません。

もちろん西洋にも、年末のカウントダウンをして「ハッピーニューイヤー！」とみんなで叫ぶようなイベントはあります。ただ、正月が来ることによって「去年のことは水に流し、新しく生まれ直す」ような気がするというのは、日本的な感覚ではないかと思います。それはおそらく、日本人の宗教性と関係した感覚なのです。

たとえば、私はロシアやイギリスで暮らした時期がありますが、二つの国では、新年が来ても「新しく生まれ直す」ような感覚はありませんでした。逆に、西洋人が日本に長く住んでいると、日本的な「新年になると生まれ直すような感覚」が実感できるようになると思います。

そのことからわかるとおり、時の流れというのは誰にとっても平等なように見えて、じつはけっしてそうではない。文明・文化によって時間の感覚も微妙に違ってくるものなのです。

たとえば、日本には鮮やかな四季があります。しかも、日本人は長らく農業を中心として暮らしを立ててきたから、その意味でも四季の流れが時間感覚の基本を形成してきました。

四季は、春夏秋冬という同じサイクルをぐるぐるくり返していく、円環もしくは螺旋《らせん》のような時の流れですね。同じことを一年ごとに反復していく時の流れ——それが日本人の時間感覚の基本形なのです。だからこそ、冬が必ず春となるように、一年の終わりには自分が新しく生まれ直すような感覚になる。それを私たちは世界共通の感覚であるように思ってしまいがちですが、意外にそうでもないのです。

たとえば、ユダヤ教・キリスト教・イスラム教といった一神教が文明の基礎となっている国々では、時間は円環を描くものではなく、「始まりと終わりがあって、終わりに向かって一直線に進んでいくもの」という感覚になります。いわば直線的な時間感覚なのです。

それは言い換えれば、「歴史はある目的に向かって進んでいく」という歴史感覚でもあります。これも一神教世界独特の歴史感覚といえます。

英語の「ｅｎｄ」には複数の意味があります。「終わり（終焉《しゅうえん》）」とか「死」という意味はよく知られていますが、辞書を引けば、もう一つ「目的」という意味もあることがわかるでしょう。

この「ｅｎｄ」という言葉は、ギリシャ語の「テロス」から来ています。テロスは「完成」や「目的」を意味する言葉ですが、もう一つ「最期」——人生の終わりという意味ももっています。

つまり、古代ギリシャの人々は、人生の終わりを一つの完成、目的の達成として捉《とら》えていました。だからこそ、「善き生」をまっとうするための方法を真剣に模索《もさく》し、それが豊穣《ほうじょう》なギリシャ哲学を生んだのです。言い換えれば、「終わりこそが重要だ」という考え方が、ギリシャ哲学の一つの礎なのです。

この「テロス」から派生した英語に「テレオロジー（teleology）」というのがあって、日本語では「目的論」と訳されます。これはかんたんに言えば、「物事は一つの大きな目的に向かって動いている」という考え方です。つまり、一神教世界における「歴史はある目的に向かって進んでいく」という感覚の根底には、ギリシャ哲学からの影響も強くあるわけです。

この目的論──テレオロジーが、欧米人、あるいは一神教世界の考え方の基礎になっています。だからこそ、時の流れを「同じことがくり返される円環」として捉える我々日本人とは、根底のところで感覚が違うのです。

ただ、二十世紀後半以降、「そのような目的論的発想が西洋文明を行き詰まらせてしまったのではないか」という批判が生まれてきました。だからこそ、いわゆる「ポストモダニズム」には、目的論を否定する傾向があります。

それはともかく、時間感覚・歴史感覚といった、人間の考え方・感じ方のいちばんの基礎の部分においても、我々は生まれ育った世界の文明や宗教から強い影響を受けているわけです。宗教について学ぶことがいかに大切かということが、そんなところにも示されていると思います。

クロノスとカイロス――二種類の時間の流れ

時間の流れには、ぐるぐるとくり返す円環的な流れと、一直線に進む目的論的な流れがある……という話をしました。それは生まれ育った文化に規定された時間感覚の違いですが、関連して、もう一つの「二種類の時間の流れ」について話しておきましょう。それは、ギリシャ語で時間を表す二つの言葉――「クロノス」と「カイロス」として表されるものです。

二つのうち、「クロノス」は、英語の「クロノロジー」（年表・時系列表）や「クロニクル」（年代記）の語源です。派生語が示すとおり、クロノスは直線的に伸びてゆく、普通の時間を指します。それに対して、「カイロス」とは「特別な時間」を指します。「クロノス」としての時の流れを上から切断して、その前と後では世界のあり方や歴史の流れが変わってしまうような時間が「カイロス」なのです。

一個人にとってのカイロスもあれば、一つの民族や一国の国民全体にとってのカイロスもあります。たとえば、最愛の我が子が生まれた日は、両親にとってはカイロスとなります。その子が生まれる前と後では、世界の見え方さえ変わってしまうほどの重い意味が、その日付には生じるからです。

また、二〇〇一年九月十一日――アメリカで同時多発テロ事件が起きた日は、すべてのアメリカ人にとって忘れがたいカイロスとなります。同様に、東日本大震災が起きた二〇一一年三月十一日は、我々日本人にとってのカイロスです。

クロノスが万人に平等な時の流れであるのに対し、カイロスというものは属人的であって、関係のない人たちにとっては特別な意味を持ちません。

たとえば、一九四五年八月十五日は、日本人にとっては大きなカイロスであるけれど、たとえばドイツ人やロシア人にとっては特別な意味を持っていません。

「えっ？ でも、一九四五年八月十五日は太平洋戦争が終結した日なのだから、ドイツ人やロシア人にとってもカイロスではないの？」と首をかしげる人もいるかもしれない。でも、たとえば歴史の試験で「太平洋戦争終結の日は？」という設問があったとして、一九四五年八月十五日と書いたら正解にはなりません。なぜなら、国際法的に日本が連合国に降伏し、戦争が終結したのは、一九四五年九月二日——東京湾上のアメリカ戦艦ミズーリにおいて、日本政府の代表と連合国軍最高司令官のマッカーサーが、「ポツダム宣言」による降伏文書に調印した日だからです。

ではなぜ、日本では一九四五年八月十五日を「終戦の日」としているかといえば、「ポツダム宣言」を受諾《じゅだく》することを天皇がラジオの「玉音放送」を通じて全国民に伝えた日だからですね。その意味で、日本人にとっては九月二日より、八月十五日のほうが重要な意味を持っているわけです。しかし、それはあくまで日本の国内事情であって、国際法的な効力はありません。

一方で、北朝鮮や韓国の国民にとっては、一九四五年八月十五日は別の意味で大きなカイロスです。それは、日本の植民地支配から解放された祝日であるからです。とくに韓国においては、八月十五日は「光復節《こうふくせつ》」――「日本に奪われた主権を取り戻し、暗黒の植民地時代が終わった記念日」というニュアンスが込められています――と呼ばれ、一昔前までは大々的に祝われていました。

日本人には時の流れを円環として捉える感覚が根強いので、「人ごと、国ごとに異なるカイロスによって、万人平等のクロノスという時の流れが、上から断ち切られる」という感覚は、なかなか持ちにくい面があります。

しかし、このカイロスということをつねに意識していれば、時の重みというものが必ずしも平等ではなく、民族や国、個人の立場などによって大きく異なるということが、実感として理解できるようになります。そのことは、みなさんがこれからのグローバル時代を生きていくうえで、大きな力になるはずです。

キリスト教を世界宗教にしたのはパウロ

キリスト教の歴史とのアナロジーで創価学会の世界宗教化を考えることが、この課外講座の大きなテーマだという話をしましたね。逆に言えば、学会員の人にとっても、キリスト教の歴史を学んでみるとよいと思います。その学びの中から、創価学会についての認識も深まっていくはずです。

とくに、イエス・キリストの弟子たちのうち、パウロについて学んでみることを勧めます。というのも、パウロはキリスト教が世界宗教化するうえできわめて重要な役割を果たした人物で、その意味で池田会長とオーバーラップする面が多々あるからです。

パウロという人がいなかったら、おそらく、キリスト教は現在のような世界宗教にはならなかったでしょう。一方、いまの創価学会の世界宗教化は、池田会長がいなかったら成し得なかったはずです。

池田会長の直接の師匠である戸田城聖第二代会長は、その生涯において一度も日本を離れませんでした。現在の一九二カ国・地域への創価学会の広がりは、池田第三代会長が一代で成し遂げた壮挙といってよいのです。もちろん、創価学会が世界宗教化する未来を、戸田会長も牧口会長も見据《みす》えてはいたでしょう。しかし、実際にその構想を現実化していった最大の立役者は、間違いなく池田会長なのです。

キリスト教では、生前のイエス・キリストから直接教えを受けた弟子たちを「使徒」と呼びます。レオナルド・ダ・ヴィンチの名画「最後の晩餐《ばんさん》」をはじめ、多くの宗教画の題材となった「最後の晩餐」――イエスが処刑される前夜に弟子たちとともにとった夕食――の場に居合わせた「十二使徒」が、とくによく知られています。しかし、パウロはこの十二使徒の中に入っていませんでした。なぜなら、パウロはイエスの死後に信仰の道に入ってきた人物で、直接薫陶《くんとう》を受けた直弟子ではないからです。それどころか、パウロは当初、熱心なユダヤ教徒としての立場から、イエスの弟子たちであるキリスト教徒を弾圧していた側の人間でした。

しかしあるとき、パウロはイエス・キリストの幻を見ます。天からの眩《まばゆ》い光とともに現れたイエスが「パウロよ、なぜ私を迫害するのか?」と問いかけ、それ以来パウロの目が見えなくなってしまいます。しかし、アナニアというキリスト教徒が神のお告げによってパウロのために祈ると、パウロの目からウロコのようなものが落ちて、再び目が見えるようになったといいます。「目からウロコが落ちる」という慣用句の語源がここにあります。

この体験によって劇的に回心したパウロは、それ以降、キリストの教えを広めるために生涯を捧げたのです。

イエスの直弟子ではないにもかかわらず、キリスト教の世界でパウロは「使徒」の一人に数えられています。つまりそれほど、彼が成し遂げたことの意味が大きかったわけです。

では、パウロは具体的に何をしたのか? ここでは枝葉は飛ばしてかんたんに説明するので、くわしくは関連書籍を読んでほしいのですが、概要を聞いただけで「なるほど。池田先生の役割に近いな」ということが、アナロジカルに理解できるはずです。

パウロが成し遂げた第一のことは、宗門との訣別です。

イエス・キリストは、じつは自分のことを「キリスト教の創始者」とは認識していませんでした。自己認識においては、イエスはあくまでユダヤ教徒であり、ユダヤ教を内側から改革しようと考えたのです。

そのユダヤ教の中にもさまざまな派閥《はばつ》、言い換えれば宗門があって、その中のパリサイ派（ファリサイ派）という宗門のあり方を、イエスは強く批判しました。なぜなら、パリサイ派は「ラビ」――ユダヤ教における指導者・律法学者――を特別視し、一般信徒を「地の民」と呼んで自分たちよりも下の存在と考えていたからです。とくに、病人や売春婦、あるいは被差別地域に住んでいる人たちなどを蔑《さげす》み、まともな人間として扱いませんでした。きわめて差別的な体質を持っていたのです。イエス・キリストの思想からすれば、そのようなパリサイ派のあり方はとうてい容認できなかったのです
ともあれ、このパリサイ派からキリスト教は生まれました。パウロ自身も元はパリサイ派でした。だからこそ、考え方が相容《あいい》れないキリスト教徒たちを弾圧していたのです。

パリサイ派のラビたちが信徒を見下し、虐《しいた》げられた民衆を蔑視《べっし》していた点は、どこか日蓮正宗宗門の「僧俗差別」主義（「僧侶が上で、信徒は下」とする考え方）を彷彿《ほうふつ》とさせます。

キリスト教が生まれ、パウロが回心してキリスト教徒になってから、紀元四九年ごろに「エルサレム会議」というものが開かれます。これは、初期キリスト教において、ユダヤ教との関係をどうするかが初めて公式に、エルサレムの地で話し合われた会議です。

この会議では、「キリスト教はユダヤ教の伝統から生まれたのだから、割礼《かつれい》のような伝統はこれからも大切にしていこう」という意見が多かったのですが、パウロだけが「割礼のようなユダ

ヤ教の伝統にとらわれるべきでない」と強く主張しました。

それからしばらく、ユダヤ教各派との関係を重視するキリスト教と、パウロが率いるユダヤ教との関係を完全に断ったキリスト教――「パウロ派」が、併存していました。

しかしけっきょく、パウロ派以外のキリスト教はすべて滅びてしまいました。つまり、いまあるキリスト教はすべてパウロ派の流れなのです。

パウロが宗門との訣別を推進したからこそ、キリスト教はユダヤ教とは一線を画する宗教になったのです。逆に言えば、ユダヤ教は民族宗教ですから、その影響を残したままであったなら、キリスト教は世界宗教にはなり得なかったでしょう。

さきほど、日蓮正宗宗門との訣別は、創価学会の世界宗教化に不可欠だったと述べました。非常に狭い、前近代的な考え方をする宗門に縛《しば》られているかぎり、自由自在な世界への弘教は困難であったからです。ユダヤ教のパリサイ派も、自分たちの民族の教えという狭い枠にこだわり、自らの文化圏にとどまっていました。

パウロが成し遂げたユダヤ教との訣別と、池田会長の時代に起きた日蓮正宗宗門との訣別――二つは、時代も文化圏も大きく異なるにもかかわらず、よく似ています。

要するに、「宗門との訣別」、言い換えれば布教対象の限定につながる「教義の狭い枠《わく》」との訣別は、世界宗教にとって不可欠なのです。なぜなら、自分たちの狭い文化圏から離れて、広く世界を目指してこそ世界宗教だからです。

パウロが成し遂げた、もう一つの重要なこと。それは世界伝道（世界宣教）です。パウロは現在、「キリスト教最大の伝道者」とも呼ばれます。イエスの弟子たちはみな、イエスの教えを多くの人々に広めようとそれぞれ頑張ったわけですが、初めて「世界中すべての人にイエスの教えを広めたい」と明確に決意し、自らの行動でその決意を実現していったのがパウロなのです。彼は「オイクメネ」――ギリシャ語で「人間が住むすべての土地」という意味ですが――のすべてを、宣教の対象として掲げました。

パウロの精力的な伝道活動は、彼以前のイエスの弟子たちとはスケールの違う壮大なものでした。彼はたとえば、現在のギリシャからトルコにかけての地域を伝道して回り、教会を創設していきました。また、小アジアやギリシャを巡っての「宣教の旅」に、都合三回にわたり出かけています。

パウロは、三回目の宣教の旅から帰ったあと、敵対するユダヤ人によって捕らえられます。そして、裁判にかけられてローマへ送られ、殉教《じゅんきょう》したと伝えられています。かりにこのとき殉教しなければ、パウロの宣教の旅はさらに遠くまで広がっていたでしょう。

パウロ以前のキリスト教は、まだユダヤ人の地の宗教にすぎず、その文化圏を超えて異邦人たちにまで教えが伝えられることはありませんでした。パウロによってその伝道の枠が世界へと広がったのです。

あたりまえの話ですが、「自分の住んでいる地域や国だけに教えが広まればそれでいい」と考えているような宗教は、世界宗教にはなり得ません。世界伝道、創価学会の言葉で言えば世界広宣流布を目指してこそ、世界宗教としての第一歩が踏み出せるわけです。明確に世界伝道を目指し、情熱的に行動したパウロの活躍によって、キリスト教は実質的にも世界宗教としての第一歩を踏み出したのです。

以上二つ――「宗門との訣別」と「世界伝道」が、パウロが直接成し遂げた偉業です。その二つは、キリスト教が世界宗教へと飛翔《ひしょう》するために、決定的な意味を持っていました。

世界宗教は必然的に「与党化」する

そしてもう一つ、パウロが直接成し遂げたわけではないけれど、パウロの行動によって土台が築かれ、その死後に花開いたことがあります。それは、さきにも述べた「キリスト教の与党化」です。

パウロが亡くなったのは紀元六五年ごろであり、「ミラノ勅令」によってローマ帝国でキリスト教が公認されたのは三一三年です。したがって、パウロの功績とするにはやや無理があります。しかし、キリスト教がローマ帝国において影響力をしだいに強め、ついには国教となるまでの過程は、パウロの行動と論理があってこそ生まれたものと言えるでしょう。パウロは「ローマの信徒への手紙」第一三章でキリスト教徒に国家とむやみやたらと対峙《たいじ》すべきではないと説きました。

そして、当時世界最強の帝国であったローマ帝国で公認されたことが、その後の世界宗教化を大きく後押ししていくのです。

この「与党化」も、世界宗教になるための条件の一つです。世界宗教である以上、各国の「与党」と結びつくのは当然で、「野党」に当たる少数派勢力と結びつくほうがむしろ不自然であるからです。

私はかねてそのように主張しているのですが、日本ではなかなか理解されにくい面があります。というのも、日本人はとかく「宗教というものは、政治などという世俗の動きとは無縁であるべきだ」という偏見を抱きがちだからです。それは日本国憲法の政教分離原則に対する根深い誤解とも結びついているのですが、ここでは措《お》きます。

私は逆に、「真の宗教は信者の人生そのものと丸ごと結びつくものであり、そうである以上、人生から政治だけを切り離すことは不可能だ」と考えます。宗教者が政治活動にも手を伸ばすのは、むしろ当然のことです。

ローマ帝国によるキリスト教の公認を「与党化」の例として挙げましたが、現代においては、メルケルらを擁《よう》するドイツの「キリスト教民主同盟（CDU）」が長年与党でありつづけていることが、顕著な事例として挙げられます。キリスト教が世界宗教であるからこそ、それを基礎とした宗教政党であるCDUも、必然的に「与党化」したわけです。

また、日本においては、創価学会を支持母体とする公明党が一九九〇年代末以降、自民党との連立政権という形で「与党化」していることが、その例といえます。

日本では公明党が与党の一角を占めるようになったことについて、「権力にすり寄ってけしからん」といった、的外れな批判がよくあります。しかし、創価学会の世界宗教化という流れがこ二〇年来にわたり加速していることを考えれば、公明党が与党化したのはむしろ必然と言えます。つまり、創価学会の本格的な世界宗教化と公明党の与党化は、コインの両面のように密接にリンクした出来事なのです。

ではなぜ、世界宗教の与党化は必然的なのでしょう?

一つには、世界宗教というものが、「反体制的ではなく既存の社会システムを認めたうえで〝体制内改革〟を進めていく」という共通の特徴を持っているからです。もちろん、創価学会もしかり。創価学会の国際的機構である各国の創価学会インタナショナル(以下「SGI」)を見ても、その国の国体(国の基礎的な政治の原則)に触れるような行為は決して行わず、既存の社会のシステムにすんなり溶け込んでいます。

そして、世界宗教が体制内改革を標榜《ひょうぼう》するものである以上、その改革を進めるためにいちばん力を持った存在である与党と結びつくのは必然なのです。

以上説明してきた「宗門との訣別」「世界伝道」「与党化」の三つは、世界宗教が備えねばならない「三大条件」であると、私は考えています。そして、創価学会も見事に三つを兼ね備えているのです。

世界宗教はなぜ「師弟」を重んずるのか？

そして、三大条件のあとに一つ付け加えるならば、「師弟の関係を大切にする」という点も、世界宗教の重要な特徴といえます。

世の中には、「師弟関係を大切にするのは日本独特の考え方で、西洋人には理解しにくい。したがって、創価学会の師弟不二の教えは欧米では受け入れられにくい。創価学会が欧米に布教するに当たって、理解させるのにいちばん苦労するのは『師弟』の概念ではないか」と主張する論者がいます。

しかし、私はけっしてそんなことはないと思います。というのも、キリスト教においてもイスラム教においても、じつは師弟関係はきわめて重要であるからです。

たとえば、さきほど述べたパウロの奮闘は、イエスという師匠が遺《のこ》した教えをなんとか世界に広めようとする、弟子としての一念が原動力になっていました。パウロは生前のイエスに一度も会わなかったにもかかわらず、イエスとパウロの関係はまさに「師弟不二」なのです。

また、イスラム教が師弟を大切にすることは、『コーラン（クルアーン）』と並ぶ聖典である『ハディース』の構成を見れば一目瞭然《いちもくりょうぜん》です。

『ハディース』は預言者ムハンマドの言行録ですが、「ムハンマドがこう言った」という言行を伝えた伝承者の名前が延々と明記されている点に大きな特徴があります。たとえば、「ムハンマドからAが『○○』という話を聞いた、とBがAからその話を聞き、CはBからその話を聞いた」というような形で、ムハンマドの言葉が誰と誰を介していまに伝わっているのかが、明確にわかるような構成になっているのです。

そういう伝承のプロセスが、たとえば中公文庫版の『ハディース』でいうと二ページも三ページも延々と記述されていきます。初めて読んでみるとちょっと面食らうのですが、一見面倒くさいこのような構成をあえて取ったのは、イスラム教が師弟関係を重んずるがゆえだと思います。つまり、ムハンマドからの確固たる師弟関係が明確につづいている中に継承されてきた教えであるという、証明書のようなものなのです。

『ハディース』は、生活の中のあらゆる側面について、ムスリム（イスラム教徒）としての正しいふるまいとはこのようなものだ、と教える規範集です。そして、〝それらの規範は、ムハンマドという師からの師弟関係の流れの中で伝えられてきたものであり、そのような「師弟の規範」のみが我々を縛ることができる〟という考え方が、『ハディース』の根底に流れているわけです。

また、創価学会が師弟関係を重んずる教団であることは、多くの人が知っており説明するまでもありません。

キリスト教もイスラム教も、じつは師弟関係を重んじてきたからこそ世界宗教になったのです。

そしていま、創価学会が世界宗教化しつつあるのも、一つには師弟不二の教団であるからこそといえます。

ではなぜ、世界宗教には師弟関係が大切なのでしょう？　端的に言えば、一つの宗教が世界宗教になるためには、長い年月と多くの人材が不可欠だからです。どんなに偉大な宗教的リーダーも、一代では世界宗教化を完成させられません。だからこそ、弟子たちに自分亡き後の使命を託さなければならない。そのような弟子たちを育成できなければ、世界宗教化への流れはそこで途絶えてしまうからです。

池田会長の『新・人間革命』第九巻「鳳雛《ほうすう》」の章に、次のような言葉があります。

〈師匠と弟子というのは、『針』と『糸』の関係にあたります。師匠が『針』、弟子は『糸』です。針は、着物を縫《ぬ》う時、先頭を切っていきますが、最後は不要になり、後に残った糸に価値がある。私は針です。最後に広宣流布の檜舞台《ひのきぶたい》に立つのは皆さんです〉

（聖教ワイド文庫、一六六～一六七頁）

この美しい言葉の中に、世界宗教がなぜ師弟を重んずるかというその理由が、余さず語り尽くされていると、私は思います。

第2章

他宗教の「内在的論理」を知る

同志社大学神学部での創価学会との接点

私は、いくつかの大学でこのような連続講座を行った経験があります。自分の母校である同志社大学神学部でも、もう何年も講義を持っています。私自身が同志社大学神学部で学んだ「学恩」の、恩返しのような意味合いの講義と言えるでしょうか。

みなさんの中には、神学部というところでどんなことを学ぶのか、興味を抱く人もいるかもしれません。私自身の学びの体験については、ずばり『同志社大学神学部』(光文社新書)という本を書いたので、よかったら読んでみてください。

「神学部」というくらいだからキリスト教神学についてばかり学ぶ学部だと思うかもしれませんが、じつはそれ以外の宗教についても深く学びます。たとえば、私は仏教の「阿毘達磨《あびだつま》」についても神学部で学びました。また、創価学会の前身である創価教育学会が戦時下に行った抵抗のことも、じつは神学部で学んだのです。

私が同志社大学神学部に入ったのは、一九七九年四月のことでした。

同志社の神学部には、二重の性格があります。一つはいうまでもなく、「同志社大学という総合大学の一学部」という性格です。そしてもう一つは、私もその一員である「日本基督《キリスト》教団」の認可神学校――すなわち「牧師を作り出す学校」という性格なのです。

そのような性格の学部なので、教授の大半は同志社の神学部を卒業した牧師でした。そうした中にあって、私の入学当時には一人だけ、クリスチャンではあるが牧師ではない、京都大学出身の教授がいました。それが幸日出男先生でした。

幸先生は、日本の戦時下のさまざまな宗教教団が、国家神道《しんとう》に抗して行った抵抗についての講義を担当されていました。その講義で私は初めて、創価教育学会が戦時下に受けた弾圧について、くわしく知ったのです。

幸先生は、「日本のキリスト教は戦時体制に迎合してしまって、だらしがなかった」と厳しく批判されました。というのも、日本基督教団は戦時中に「大東亜共栄圏に在る基督教徒に送る書《しょ》翰《かん》」というものを公表するなどして、戦争遂行に協力的だったからです。戦後になって、日本基督教団は自らの戦争責任を公に認め、反省の念を表明しています。

その一方で、幸先生は創価教育学会の戦時抵抗を高く評価していました。それは、〝治安維持法違反と不敬罪に問われて入獄《にゅうごく》した牧口常三郎初代会長と戸田城聖第二代会長は、国家神道の本質を鋭く見抜き、宗教団体として譲れない一線を、命がけで守った〟という評価です。それは民間団体としての「筋」をきちんと守った立派な抵抗であり、「我々キリスト教徒は、創価学会から学ばないといけない」――幸先生はそう言われました。

私自身が現在のように創価学会への理解を深めるまでにはたくさんのきっかけと出会いがあっ

たのですが、幸先生の講義は、その中でも大きなものの一つです。

もっとも、まだ十代だった当時の私には、幸先生の創価教育学会に対する高い評価は、正直言ってあまりピンと来ませんでした。「あのとき幸先生が教えてくれたとおりだ」と思うようになったのは、もう少し歳月を重ねて創価学会についてくわしく理解してからのことです。

後年、私は『牧口常三郎全集』(第三文明社)第一〇巻に収録された、戦時下の特高警察による牧口会長への尋問《じんもん》調書を熟読しました。牧口会長が獄中でどのような抵抗をしたのか、くわしく知りたくて読んだのです。

通常、調書というものは、「私、〇〇は何年何月何日、こういうことをしました」という一人称で書かれます。取調官が被疑者の発言をまとめる形で書くもので、その内容に被疑者も同意したという体裁が取られるのです。それに対して、牧口会長への尋問調書は質問と回答の問答形式で書かれています。どういうことかというと、「牧口会長のこうした主張に、捜査当局はまったく同意していない。とんでもない主張だと感じている」ということを示すためなのです。

では、その調書の中で牧口会長がどういうことを言っていたか? たとえば、「伊勢神宮にはアマテラスオオミカミ(天照大神)がおられますか?」という質問に対しては、「アマテラスオオミカミはおりません。そこには鬼神がいます。したがって、鬼神から出ている神札を受け取ることはできません」とはっきり答えています(引用は大意)。

「神社には神はおらず、鬼神がいる」とは、日蓮大聖人の「立正安国論」に説かれた「神天上の法門」という教理をふまえた言葉です。「人々が正しい仏法を行じていないときには、善神が守るべき国土を捨て、『天上』に去ってしまう。そして、その後に悪鬼が入ってくるので、そのことによって種々の災難が起こる」――というのが「神天上の法門」です。

現時点から見ると、この問答の持つ意味はわかりにくいですが、これは戦時下においては大変な勇気を要する発言です。当時の日本は国家神道体制であり、「歴代天皇はアマテラスオオミカミからずっと血統でつながっているから尊い」という考え方（万世一系）を、全国民に押しつけていました。そして、そのアマテラスが祀《まつ》られたのが伊勢神宮であり、国が定めた社格（全国の神社のランキング）でも頂点に位置する神社だったのです。

牧口会長は取り調べで、その伊勢神宮をはっきりと否定し、「鬼神が住む場所の神札など、受け取ることはけっしてできない」と言い切ったのです。

自らが信ずる宗教の譲れない一線を、獄中で命を賭《と》して守り抜いたのが牧口会長であり、みなさんもご存じのとおり、会長は獄中で殉教《じゅんきょう》されています。私自身が鈴木宗男事件に連座して獄中で検察と闘った経験があるからこそ、これがどれほどすごいことなのか、身にしみてわかります。

いま思えば、幸先生の講義以外にも、同志社大学神学部では私と創価学会を結ぶ接点に出合っていました。というのも、一回生のときに「組織神学」という科目で指定されたテキストが、ハービー・コックスの著書『民衆宗教の時代――キリスト教神学の今日的展開』（新教出版社）だったからです。

ハービー・コックスという人は、ハーバード大学の神学部教授を務めた、世界的に高名なプロテスタント神学者です。宗教社会学者としても知られ、創価学会を研究し、後年には池田大作第三代会長と親交を結んで、対談集『二十一世紀の平和と宗教を語る』（潮出版社、二〇〇八年）を編んでいます。

この『民衆宗教の時代』は、一九七〇年代のキリスト教神学の一つの到達点といってよい書ですが、再読してみると、「まるで創価学会のことを論じているみたいだな」と感じる点が随所にあります。同書を著したころ、コックス博士はまだ池田会長と直接の面識はありませんでしたが、徹して民衆を重んじる姿勢において、池田会長と深く共鳴する部分を持っていたのでしょう。

要するに、大学一回生のころに学んだ思い出深いテキストが、私と創価学会を結ぶ見えざる接点の一つになっていたのです。

さきほどの幸日出男先生やハービー・コックス博士の例のように、キリスト教神学の立場から創価学会を高く評価している人は、少なくありません。

もう一人例を挙げるなら、同志社大学神学部教授や神戸女学院大学院長などを務めた、森孝一という神学者がいます。彼は、「牧口常三郎——創価学会の創設者」という博士論文で博士号を取っています。それは、ロバート・N・ベラーという世界的な宗教社会学者を指導教授として書かれた立派な論文で、牧口会長を肯定的に評価する内容です。

ただ、どういうわけか、この論文は日本語には訳されていません。そのため、英語が得意でないと読みにくいと思いますが、みなさんはぜひ捜して読んでみてください。神学者が牧口会長をどう評価しているかがわかって、学ぶものが大きいと思います。

神学と宗教学の決定的な違い

みなさんは、宗教学と神学について、どのような違いがあるとイメージしているでしょうか？もしかしたら、「似たようなものだ」というイメージを抱いている人もいるかもしれません。しかし、両者は根本的に異なります。

キリスト教だから「神学」ですが、創価学会の立場から言えば「教学」になります。そのみなさんにとっての「教学」は、日蓮仏法や創価学会の教義について研鑽《けんさん》するものです。「教学と宗教学の違い」と言えば、もう少しピンとくるかもしれません。

神学と宗教学の違い――これはみなさんにとっても、押さえておくべきテーマです。

宗教学と神学のうち、先にあったのは神学です。つまり、宗教学は神学から枝分かれした学問なのです。

十七世紀後半から十八世紀にかけて、ヨーロッパに「啓蒙《けいもう》時代」と呼ばれる時代が訪れます。「啓蒙」という言葉は、英語で言うと「Enlightenment」――つまり「光で照らす」という意味です。「無知の暗い闇《やみ》を理性の光で照らす」という意味合いを、啓蒙とか啓蒙主義という言葉は孕《はら》んでいるわけです。

宗教学も、この啓蒙時代に生まれてきました。それまであった神学には科学的な検証の姿勢が乏しかったから、神学の闇を啓蒙的理性で照らそう、ということで宗教学が生まれたのです。そこから生まれたのが、イエス・キリストの実在性を科学的に証明しようという試みでした。イエス・キリストは具体的にどのような人で、何年何月ごろにどこで生まれて、どういうふうに生き、どういうふうに死んだのかを、可能な限り科学的に検証してみよう、ということです。そのことを「史的イエスの探求」といいます。

しかし、その結果は無惨《むざん》なものでした。歴史的人物としてのイエス・キリストの実在性は、証明できなかったのです。「イエスが紀元一世紀のパレスチナに実在したということは、証明不可能である」――これが十九世紀末に出された結論です。ただし、「イエスが実在しなかった」ということも証明できません。紀元一世紀後半のパレスチナにイエスを救世主として崇《あが》める一群の人々がいたということまでは証明できます。これは不動の結論です。

そもそも、紀元一世紀といったらいまから二〇〇〇年も前であるわけで、そんな古代の出来事を実証しようとすること自体に無理があるのです。

ちなみに、その結論を下したのは誰かというと、「密林の聖者」と呼ばれ、アフリカでの医療活動・平和活動によって知られるアルベルト・シュヴァイツァーです。

シュヴァイツァーのことを、みなさんは「お医者さん」として認識しているでしょう。しかし実際には、それは彼の一面でしかない。シュヴァイツァーの人生は三段階に分かれているのです。音楽家として活動した時期、神学者として活動した時期、そして医師として活動した時期の三つです。私は当然、シュヴァイツァーについても神学者としての側面に最も関心があります。

ただし、シュヴァイツァーがアフリカで行ったキリスト教伝道活動については、植民地主義的・白人優位主義的な側面もあって、アフリカでの彼の評価は必ずしも高くありません。私自身も、シュヴァイツァーの植民地主義的なところは好きになれません。

話を戻します。シュヴァイツァーも深く関わって、「キリストの歴史的実在性は実証できない」という結論が出たことによって、神学と宗教学は異なる道を歩み始めます。「実在性が立証できない以上、ここから先は不可知論で考えないといけない」として、キリスト教についてできるだけ客観的・実証的に見ていこうとする立場――これが宗教学の立場になります。

一方で、「史的イエスの探求」が袋小路に陥《おちい》ったあと、神学は「ケリュグマのキリスト研究」に舵《かじ》を切ります。「ケリュグマ」というのは、「教会の宣教内容」のことです。

イエス・キリストが実在したか否かという科学的実証性は、神学の立場からすればあまり重要ではない。一世紀にイエス・キリストを救い主として崇める一群の人々がいたことまでは実証できるのだから、神学にとっての実証はそこまでで十分なのだ。そこから先は科学ではなく信仰の領域であって、教会がどのような宣教をしてきたかということのほうが重要である、と……。

それが、「ケリュグマのキリスト研究」を重んじる神学の立場です。

そのように、十九世紀に二つの方向に分かれたのが、宗教学と神学なのです。したがって、同じ宗教を対象として扱ってはいても、その姿勢がまったく違うわけです。

だから、たとえば東京大学の宗教学科に入ったとしたら、そこでは最初にこんなふうに言われます。「神学をやりたいと思っている人は、宗教学科に来ないでください。ここでは神学は学べません。宗教学科で学ぶのは、現象としての宗教、あるいは宗教団体の定量分析とか、そういうことですよ」と……。

言い方を変えると、宗教学が科学的事実を重んじるのに対して、神学は科学的事実と宗教的真実を秤《はかり》にかけた場合、宗教的真実のほうを重んじるのです。

例を挙げます。『新約聖書』の中に「マルコによる福音書」という文書があります。この文書には、イエス・キリストの復活についての記述がありません（現在のテキストには復活に関する記述がありますが、それは後世に加筆されたものです）。キリスト教において、イエスの復活は非常に重要な要素です。しかし、「復活についての記述がないから、『マルコによる福音書』は聖書から外すべきだ」という話になるかといえば、ならないのです。なぜなら、「マルコによる福音書」はイエスについて書かれた文書のうちで最も古いものの一つであり、長年にわたって教会で受け入れられ、教えられてきたものだからです。したがって、「ケリュグマのキリスト研究」を重んじる神学の立場から言えば、「マルコによる福音書」も重要になるのです。

もう一つ例を挙げます。『新約聖書』の中には、「グノーシス主義」という、聖書成立時代と重なる時期の重要な思想に影響を受けた文書がいくつかあります。グノーシス主義の影響が強いということは、逆に言えば、真正なキリスト教の教えと言ってよいかどうか、微妙な面があるわけです。それでも、それらの文書を『新約聖書』から外そうという動きはありません。理由はさきほどと同じで、それらの文書が長年にわたって教会が受け入れられてきたことを重視するからです。

キリスト教神学が取ってきたそのようなアプローチは、創価学会にとっても大いに参考になるはずです。なぜなら、日蓮仏法の教学においても、同じような判断を迫られる局面は今後たくさんあるはずだからです。

たとえば、『日蓮大聖人御書全集』に収録されたたくさんの文書の中から、「これは文献学的に見て、日蓮大聖人の真筆ではない可能性が高い」とされる文書が出てきたとします。真筆であるか否かは、学問的にはかなりの確度で確定できるはずです。

では、「真筆ではない可能性が高い」とわかった場合、御書全集から削除してよいのかどうか？その文書は、歴史的事実としては真筆ではないかもしれませんが、長年にわたって信徒に受け入れられ、時には信徒を救ってきたわけです。「文献学的事実」よりも、そのような「宗教的真実」を重んじるのが、教学のアプローチとしては正しいと思います。ところが、宗教学者や文献学者の場合、真筆ではないと確定した時点で、その文書を即座に研究対象から外してしまったりするわけです。

要するに、宗教学者や文献学者には、往々にして、宗教的真実の機微《きび》というものがわからないのです。キリスト教の歴史を見ても、宗教学者や文献学者が教会内部を混乱させる役割を果たしてしまった事例は少なくありません。そういうことから教会を防衛していくことも、じつは神学者の大切な役割の一つなのです。

これから創価学会が本格的に世界宗教化していくなかで、世界に向けての日蓮教学の見直し作業が重要になってくるでしょうが、そのときには宗教的真実を重んずる姿勢を大切にしてほしいと思います。

「実際に会う」ことは必ずしも重要ではない

科学的（＝歴史学的・文献学的）事実と宗教的真実は似て非なるものである、という話をしましたが、そのことに関連して、「世界宗教においては、『師と実際に会う』ことは必ずしも重要ではない」という話をしたいと思います。

学生のみなさんは世代的にも機会としても、池田会長と直接お会いして薫陶《くんとう》を受けることはほとんどなかったのではないでしょうか？　当然、「直接お会いしたことは一度もない」という人もいるかと思います。それに対して、創価大学や創価学園の草創期には、創立者である池田会長がしばしば来学され、学生・生徒たちと直に語り合う機会が、たくさんあったわけです。みなさんは、先輩方からそういう思い出を聞かされることもあるでしょう。

もしかしたら、みなさんの中にはそのことに引け目を感じて、「草創期の人々がうらやましい」と思っている人もいるかもしれません。しかし、引け目など感じる必要はありません。そもそも世界宗教は、「師から直接薫陶を受けた直弟子のほうが、そうでない弟子よりも上である」などという発想には立たないものなのです。

じつは私も、「佐藤さんは創価学会のことを肯定的に評価しているし、池田会長を尊敬しているそうだけど、池田会長と会ったことはあるんですか?」と、よく質問されるのです。そういうとき、私は即座にこう言います。

「池田会長とお会いしたことはありません。しかし、私はキリスト教徒なので、『会ってこの目で確かめたから信じられる』などという発想は絶対にしません。『会わなくても信じられる』ということが重要なのです」

と……。そのうえで、パウロについての話をするのです。

第一章で話したとおり、パウロはイエス・キリストと実際に会ったことは一度もありませんでした。彼はイエスの死後に、その教えに目覚めたのです。にもかかわらず、パウロはキリスト教の世界宗教化に決定的役割を果たしました。

例の「漆塗《うるし》り方式」で、前回話したパウロの役割についての話を、少し違う角度からしてみたいと思います。

高校や大学の入試で「キリスト教を創始したのは誰ですか?」という問題が出たら、「イエス・キリスト」と書けば正解になります。しかし、大学神学部や大学院神学研究科の試験で、「キリスト教の創始者はイエス・キリスト」と書いたら、不正解になります。パウロと答えるのが正解だからです。なぜなら、イエスは自身をユダヤ教徒だと認識しており、いまあるキリスト教を創始したのはパウロであるからです。少なくとも、パウロがいなければ、いまのような世界宗教としてのキリスト教は存在しなかったはずです。

だからこそ、「世界宗教としてのキリスト教」を考察するうえで、パウロの存在こそが最も重要な鍵になります。みなさんはパウロに注意してキリスト教を学んでください。

ただ、いまの神学界において、パウロに対する評価はあまり高くありません。というのも、パウロという人には国家権力と迎合する傾向があったし、男性優位主義的で女性に対する偏見を持っていたからです。

「国家権力と迎合する傾向」というと聞こえが悪いですが、それまでローマ帝国において「反体制宗教」と見做《みな》され弾圧されていた初期キリスト教を、パウロはローマ帝国の体制と融和できる宗教へと変えたわけです。だからこそ、のちにローマ帝国に公認され、キリスト教が世界宗教になったというプラス面を見逃すべきではありません。

とはいえ、パウロが男性優位主義的であったのはたしかですから、現代の人権思想から見れば、都合がよろしくない言説が多々あるわけです。

それはさておき、キリスト教の世界的発展に決定的な役割を果たしたパウロが、生身のイエス・キリストと会ったことがないという事実は、非常に重要です。しかもパウロは、本来はイエスの直弟子のみを意味する言葉である「使徒」を自称し、そのことが他のキリスト教徒にも受け入れられた。すなわち、パウロはいま「使徒」として遇《ぐう》されているのです。

そのことが何を意味するかといえば、世界宗教においては、「師と直接会った弟子だから偉い」などという考え方は成り立たないということです。

もちろん、師と直接会い、薫陶を受けた直弟子たちが、そのことを語り継いでいくことは大切です。しかしながら、「直接会った」ということが正しさの証明であるかのような発想は、世界宗教にはないのです。

キリスト教史の最初期の段階において、パウロのような「イエスと直接会ったことがない」弟子が重要な役割を果たしたことは、非常に大きな意味を持っています。

ではなぜ、世界宗教においては「師（創始者）と直接会うことは重要ではない」のでしょう？

それは、世界宗教というものが、時間的にも距離的にも非常に壮大なスケールになるからです。一〇〇年単位、一〇〇〇年単位で、世界の隅から隅まで広がっていくからこそ世界宗教です。したがって、師や創始者と直接会った直弟子の割合は、時を経るほど小さくなっていきます。そのような中で「直弟子こそが偉い」という考え方に立っていたら、ごく一握りの特権階級を教団内に作ってしまうことになりかねません。

そもそも、信仰の篤《あつ》さと師との物理的距離は、必ずしも比例しません。師のそばにいた時間が長いから信仰が篤いとは限らないし、逆に、師と会ったことがないから信仰が薄いとも限らないのです。

ある創価学会員の方が、「池田先生と弟子との間の距離には二種類ある。『物理的距離』と『生命的距離』だ」と言われていましたが、ほんとうにそのとおりだと思います。かつて創価学会幹部を務め、のちに池田会長と創価学会に反逆した、山崎正友や原島嵩などという人たちは、一時期には池田会長のすぐそばにいました。つまり、物理的距離においては師と非常に近い立場にいたわけです。その人たちが反逆したことを見ても、直接会うことが信仰者としての正しさを保証しないことはよくわかります。

逆に、池田会長と直接会ったことがなくても、会長を深く尊敬し、弟子として立派な生き方をしている無名の庶民はたくさんいます。その人たちは、池田会長との物理的距離は遠くても、生命的距離は近いわけです。

世界宗教に特別な聖地は必要ない

そのことに関連して述べるなら、〝聖地主義〟をとらないことも世界宗教の特徴の一つです。

池田会長と対談集『社会と宗教』を編んだイギリスの高名な宗教社会学者ブライアン・ウィルソン博士は、「特定の地を聖地として、そこに行かなければならないとするような宗教では、世界宗教にはなり得ない」という趣旨のことを述べています。

これも理由はさきほどと同じで、宗教が世界に広がれば広がるほど、特定の聖地を訪れることができない信徒の割合も増えるからです。かりに、「聖地に参詣《さんけい》しなければ天国に行けない・成仏できない」などという教義を持つ宗教があったとしたら、聖地に行けない信徒たちは大きなハンディを負ってしまうことになります。それは世界宗教としては好ましいことではないでしょう。

イスラム教徒にとってメッカは聖地であり、一生に一度はメッカ巡礼をすることが義務づけられてはいます。ただし、それは「経済的・体力的に可能な者は」という限定付きの条件であって、何がなんでもメッカに巡礼しなければ天国に行けないなどという硬直した教義ではありません。

〝聖地主義〟を取らないのは、創価学会もしかりです。学会では、宗祖・日蓮大聖人ゆかりの地――たとえば竜の口や佐渡などを聖地として崇めたりはしません。また、池田会長も〈御本尊を強盛な信心で拝する所は、いずこであれ、そこが最高の〝聖地〟である〉（『法華経の智慧』普及版上、四八五頁）と述べています。

東京・信濃町の「広宣流布大誓堂」は、「会憲」に明記されているとおり「信仰の中心道場」であって、「聖地」ではありません。大誓堂には世界各国のＳＧＩメンバーが日々集っていますが、それは「そこを訪れなければ成仏できない」からではありません。世界宗教に特別な聖地は必要ないのです。

なぜ他宗教について学ぶべきなのか？

私はこの課外講座の中で、創価学会に関心をもつみなさんに、「キリスト教の歴史を学んでほしい。とくにパウロについて学んでほしい」などとくり返し言っていますし、今後も言っていくでしょう。

それはなぜかというと、これから創価学会が世界宗教化を本格化していくなかで、他の世界宗教について知っておくことが重要になっていくからです。

それは、ただたんに知識・教養として、キリスト教やイスラム教の基本的な歴史や教義を押さえておけということではありません。もちろんそれも大事ではありますが、それ以上に、他宗教の「内在的論理」を知っておくことが大切なのです。

内在的論理というのは、外面・表面に表れた論理ではなく、相手の考え方の土台になっている論理のことです。たとえば、前章で述べた「一神教世界と我々日本人では、時間の流れに対する感覚が違う」という話なども、他宗教の内在的論理を知っておくことに通じるでしょう。

相手の拠《よ》って立つ内在的論理を知っておくことによって、ビジネスでの交渉事から個人的な友だち付き合いまで、あらゆる面での「付き合い」において、相手の信頼を勝ち取りやすいし、相手の動きを先読みしやすくなります。また、相手との間に何らかの問題が生じたときにも、その問題解決の糸口を見つけやすくなるでしょう。

もちろん、創価学会が世界広宣流布という大事業を推進していくうえでも、異なる文化・文明に生きる各国の人々の内在的論理に精通していくことが、大変重要になっていきます。

そのことは、ほかならぬ池田会長が誰よりもよくご存じでしょう。池田会長は、過去半世紀以上にわたって、広範な宗教間・文明間対話を積み重ね、創価学会が一九二カ国・地域に広がるための土台を築いてこられた方だからです。

池田会長はずっと以前から、学会員のみなさん、また創価大生のみなさんに、「他宗教の内在的論理を学ぶこと」の大切さを、指導やスピーチの形でくり返し教えてきました。その顕著な一例として、一九七三年七月十三日「第二回滝山祭」での講演「スコラ哲学と現代文明」が挙げられます。草創期の創価大学で、学生たちに向けた講演の中で「君たちはスコラ哲学から学ぶべきだ」と訴えたのです。この講演については、私の著書『「池田大作　大学講演」を読み解く――世界宗教の条件』（潮出版社、二〇一五年）でもくわしく論じました。

スコラ哲学は、中世ヨーロッパでキリスト教神学を母体《ぼたい》として生まれた哲学です。「煩瑣《はんさ》哲学」とも呼ばれるほど、じつに難解で面倒くさい哲学でもあります。

中世ヨーロッパの、しかもキリスト教神学から生まれた哲学を、なぜ現代の創価大生たちに「学びなさい」と訴えたのでしょう？　おそらく、リアルタイムで講演を聞いた学生の中にも、戸惑った人は少なくないと思います。

これは私の解釈ですが、池田会長は一九七〇年代初頭の段階で、二十一世紀を見据《みす》えてこの講演を行ったのだと思います。やがて訪れる、創価学会の世界宗教化――その時代にあっては、ヨーロッパの人々の内在的論理を知っておく必要がある。そのためにも、二十一世紀の世界広布という平和社会の実現を担うであろう学生たちに、スコラ哲学を学んでほしかったのでしょう。

スコラ哲学は一般的にはカトリックのものと考えられがちですが、じつはプロテスタントにとっても重要な哲学です。ちなみに、私は二〇一七年に同志社大学神学部で集中講義を行いましたが、そのテーマは「プロテスタント・スコラ主義」でした。

スコラ哲学は、ある意味で西洋哲学のいちばんの発展型――すなわち、「これ以上は発展しない」というところまで突きつめた哲学です。そして、カトリック、プロテスタントを問わず、キリスト教文化圏の根っこにある哲学でもあります。いわば、西欧の人々の思考スタイルの土台となっているOS（オペレーティングシステム）が、スコラ哲学なのです。

たとえば、日蓮仏法や池田思想を日々学ぶ中で、東洋思想、日本思想のOSが、頭の中にしっかりと組み立てられていきます。しかしそれだけでは、ヨーロッパの人々の思考スタイルを十分理解できません。だから、西洋思想の土台たるスコラ哲学を学ぶことで、別のOSも組み込まなければならない。キリスト教文化圏の人々の内在的論理を解することで、東洋と西洋の英知を両方知っている「ハイブリッド人間」になってほしい――池田会長の意図を私なりに斟酌《しんしゃく》すれば、そういうことだったのだと思います。

三つの一神教は「内在的論理」が異なる

他宗教の内在的論理を知るということに関連して、ここで一つの問いを立ててみましょう。それは、「キリスト教は性善説と性悪説のいずれと親和的か?」という問いです。

これはなかなかの難問だと思います。キリスト教から一般にイメージされる「博愛」ということをふまえれば、なんとなく性善説が基本であるような印象を受けがちです。しかし、じつはそうではない。キリスト教は性悪説と親和的なのです。「人間とは基本的に悪に染まりやすい存在である」という性悪説的な認識に基づいて、キリスト教の教義は構成されています。それこそが、キリスト教の内在的論理の根幹の一つです。

性悪説に親和的であるがゆえに、キリスト教には「これは絶対に守ることができない」と思えるような厳しい倫理規範があります。たとえば、「情欲をいだいて女を見る者は、心の中ですでに姦淫《かんいん》をしたのである」という、『新約聖書』「マタイによる福音書」の有名な一節があります。

つまり、〝「姦淫の罪」とは、実際に姦淫（倫理に背いた肉体関係を持つこと）をすることだけを指すのではない。妻や恋人以外の女性を見て性欲を覚えたら、それだけで「姦淫の罪」を犯したことになるのだ〟という教えです。

これを守れる男性は皆無に等しいというか、もはや「守れない倫理規範」だと思います。なぜそんな厳しい倫理規範を『聖書』の中に置いたかといえば、「すべての人は罪を背負っている」ということを、つねに自覚しつつ生きるようにするためなのです。そのこと自体、キリスト教が性悪説に親和的である証左《しょうさ》です。「人間は放っておいたらすぐに悪いことをする存在だ」という人間観が、キリスト教の基本になっているのです。

そのようなキリスト教に対して、イスラム教には、通常の人間だったら守れる程度の道徳規範しかありません。もっとも、イスラム教にも婚外の性的関係を持った者は「石打ちの刑」になるという厳しい教えがあるのですが、そこには抜け道が用意されているのです。

イスラム教では四人まで妻を娶《めと》ることができるので、裕福な人でも三人までと結婚して四人目の枠《わく》を空けておく人が多いのです。そして、その四人目の枠を用いて、時に息抜きを楽しむ。どういうことかというと、イスラム教の宗教者が運営しているいかがわしい結婚相談所があって、「この女性と結婚したい。結婚時間は二時間、慰謝料三万円で」と……。そういう息抜きをすることが、イスラム法上も許されているのです。それは売買春ではなく、あくまでも「四人目の妻との結婚・離婚」だと、彼らは考えるのです。

イスラム教の戒律にはそういう抜け道がたくさんあるので、比較的かんたんに戒律が守れるのです。ただし、その規範から外れてしまった場合には、厳しい罰が用意されているのですが……。

婚外の肉体関係ということ一つとっても、キリスト教とイスラム教ではそれくらい考え方が違うわけです。

同志社大学には「一神教学際研究センター」という機関があって、そこではキリスト教・イスラム教・ユダヤ教をまとめて総合的に研究しています。中東で生まれた、これら三つの一神教は兄弟関係にあって、「同じ神を信じている」などと言われます。しかしそのわりには、三つの宗教は倫理観や人間観、神に対する感覚が大きく違います。

たとえば、キリスト教には万人が背負っている「原罪」という重要な概念があり、ユダヤ教にも「原罪」とまではいかないまでも、それに近い罪の発想があります。それに対して、イスラム教には原罪的な概念がありません。イスラム教にとって、罪は背負っても洗い流すことができるものなのです。

もう一例を挙げると、いわゆる「最後の審判」の教えはキリスト教にもイスラム教にもありますが、その中身はまったく異なります。

イスラム教における「最後の審判」は、『コーラン』や『ハディース』に定められた、イスラム教徒としてやっていいこと・悪いことを、死に際して秤にかけるというものです。その結果、善行のほうが多ければ天国に行けますが、悪行のほうが多ければ天国には行けず、火にくべられる……そういう「審判」なのです。

それに対して、キリスト教の「最後の審判」は、そのときに再臨したキリストの恣意《しい》によって決められます。それまでの人生でどれだけ努力したかとか、善行と悪行のどちらが多いかなどということは、まったく関係ないのです。その点では、じつはイスラム教の考え方のほうが合理的で、キリスト教のほうが非合理的と言えます。

日本人は総じて一神教に無知なので、「一神教の人間はこうだ」などと、三つの一神教を一緒《ひとから》げにする雑な考え方を聞かされても、「へえ、そういうものなんだ」とあっさり真に受けてしまいがちです。たとえば、「一神教の信者は考え方が非寛容で、多神教は寛容だ」という与太話《よたばなし》を、日本ではかなり知的な人までが信じていたりします。「一神教だから非寛容だ」というのはきわめて短絡的《たんらくてき》な決めつけで、みなさんはそういうステレオタイプ（思い込み）な思考にはまらないように気をつけてください。

そもそも、いま例を挙げたように、三つの一神教は、兄弟関係にありながらも考え方の根本が大きく異なっているのです。したがって、「一神教の人は○○だ」などと、十把《じっぱ》一絡げにできるはずもありません。

国家神道への警戒心を忘れてはならない

創価学会の世界宗教化にあたって、キリスト教やイスラム教などの他宗教の内在的論理を知ることが重要になる、という話をしてきましたが、次に日本国内に目を向けてみましょう。神道という日本独特の宗教と、どういうふうに付き合っていけばよいのか？　これは難しい問題ですが、しっかりと考えておかなければならないテーマです。

「創価学会は神道とは相容《あい》れないから、反神道的な立場を取る」とか、そういうことだけで済む話ではありません。なぜなら、圧倒的多数の日本人が神道的な環境の中で暮らしているので、神道を拒絶ばかりしていたら日本では何事も成し得ないからです。

たとえば、公明党が自民党と連立政権を組んでもう長いわけですが、自民党には「神道政治連盟」と関係が深い議員がたくさんいます。安倍晋三総理は「神道政治連盟国会議員懇談会」の現会長ですし、同会メンバーには安倍内閣の閣僚も多いのです。だから公明党議員にとって、「創価学会は神道とは相容れないから、神道政治連盟と関係の深い議員とは共闘できない」などと言っていられない状況があるわけです。

創価学会員であってもなくても、神道を信じている人たちと、時には共闘しなければならない――それが日本社会で生きるということです。

ただし、学会員である場合、「国家神道」的なものに対する警戒心《けいかいしん》は、人一倍鋭敏に持っているべきだと私は思います。それは、かつての創価教育学会が国家神道を精神的支柱としていた国家権力に弾圧されたからというだけではありません。国家神道は池田会長の「人間主義」の思想と決定的に相容れないものであり、その意味でも国家神道的なものの復活の萌芽に、警戒心を研ぎ澄ませておくべきなのです。

『池田大作　名言100選』（中央公論新社）の中に、次のような言葉があります。

〈国家主義というのは、一種の宗教である。誤れる宗教である。国のために人間がいるのではない。人間のために、人間が国をつくったのだ。これを逆さまにした〝転倒の宗教〟が国家信仰である〉

（二〇一〇年、一一九頁）

これは国家神道のみを指した言葉ではありませんが、戦前に国家神道が果たした危険な役割を念頭に置いたものであることは間違いありません。国家神道は日本の敗戦後、GHQ（連合国軍最高司令官総司令部）によって解体されたわけですが、それでも二十一世紀のいまなお、国家神道的なものを復活させようとする勢力はいますし、その危険性は消えたわけではありません。池田会長は、そのことへの警戒心を片時も忘れたことはないと思います。

その警戒心が如実にあらわれた事例が、池田会長とイギリスの歴史家アーノルド・トインビーの対談集『二十一世紀への対話』の中にあります。池田会長の数多い対談集の中でも最高レベルの内容を誇り、世界的にも最も強い影響を与えた名著です。

私は月刊『潮』誌上で、この『二十一世紀への対話』を読み解く連載を、二年間にわたって行いました。『地球時代の哲学――池田・トインビー対談を読み解く』（潮新書、二〇一七年）という本にまとめてありますので、ぜひ読んでいただきたいのですが、この対談の中で、国家神道をめぐって池田会長とトインビーが議論の火花を散らす場面があったのです。

池田・トインビー対談は終始なごやかなムードで語らいが進むだけに、一カ所だけ二人が激しく議論しているこの場面は、ひときわ印象的です。

トインビーは、神道に対しての肯定的な評価を語ります。神道は自然に尊厳性を認める宗教であり、非常に平和的な宗教だと言うのです。

これは、一面ではそのとおりなのです。たとえば、日本という国はいまも非常に緑が豊かであり、国全体の「緑被率」(森林が国土に占める割合)においては、フィンランドに次いで世界第二位です。先進国としては驚異的な緑被率の高さの要因の一つは、神道が自然を大切にする宗教であることにあります。「鎮守《ちんじゅ》の森」(神社に付随した森林)などの形で森林を保護してきたことの反映なのです。それは神道の長所であり、そのことは認めなければなりません。

しかし、池田会長はトインビーに反論して、次のように述べるのです。

〈神道は、たしかに、自然のあらゆる存在に尊厳性を認める思考から生まれた宗教です。しかし、なにゆえに尊厳であるのかということになると、神道はそれを裏づける哲学的体系に欠けています。その根底にあるものは、祖先が慣れ親しんできた自然への愛着心です。これは祖先を媒体《ばいたい》とした自然崇拝といえるでしょう。したがって、神道にはきわめてナショナリスティックな一面があるわけです。そして、この神道イデオロギーの端的なあらわれが、いわゆる神国思想なるものでした。この神国思想は、周知のように、きわめて独善的なものです。こうしてみると、神道の場合、自然に対する融和性はその一面にすぎず、その裏面に、他民族に対する閉鎖性や排他性をもっているわけです〉

（『二十一世紀への対話』池田大作、アーノルド・トインビー、聖教ワイド文庫、一四七～一四八頁）

要するに、〝自然神道と国家神道は峻別して考えなければならないし、一見平和的な自然神道にも、その裏面には国家主義と結びつきやすい危険な一面があることを忘れてはならない〟と、池田会長は強調したわけです。

そして、神道がそのような本質的危険性を孕んだ宗教である以上、何かのきっかけで国家神道が復活することは、二十一世紀においても十分にあり得ることなのです。

その危険な萌芽の一例として、「森友学園」（大阪市の学校法人）をめぐる問題の経緯の中で、籠池泰典（森友学園元理事長）氏が「神道は宗教ではない」という旨の発言をしていたことを挙げたいと思います。それは、森友学園が大阪府豊中市に開校を予定していた（後に設置認可申請取り下げ）「瑞穂《みずほ》の國記念小學院」をめぐる発言です。同小学校はサイトで、「日本で初めてで唯一の神道の小学校」を謳《うた》っていました。

「神道は宗教ではない」という発言の何が問題かといえば、これが戦前の国家神道の論理そのものであるからです。国家神道体制を作るにあたって、当時の政府は「神道は宗教ではない」とする「神社非宗教論」を打ち出し、それに基づいて「宗教ではないのだから、仏教徒もキリスト教徒も神札を祀りなさい」と宗教統制を推し進めていったわけです。「神道は宗教ではない」という考え方を放置し、それが政治の世界にまで広がっていったら、その先はどうなるか？　森友学園問題の背後には、国家神道の再来につながりかねない危うさが潜《ひそ》んでいたわけです。

もう一つ例を挙げるなら、靖国神社問題の解決策として、「靖国神社に代わる、宗教的に中立な国立追悼《ついとう》施設を作ろう」とする動きに、私は強い懸念《けねん》を抱いています。なぜなら、死者の霊を慰めるという行為そのものが、宗教的行為であるからです。したがって、たとえ「宗教的に中立な施設」を謳ったとしても、その施設自体が国家宗教の拠点になってしまいかねないのです。

その施設が建設されたあと、もしもかりに「宗教的に中立な施設なのだから、すべての国会議員が参拝すべきだ」という話になったとしたら、それは事実上、参拝の強制になってしまいます。「神道は宗教ではないのだから、信ずる宗教にかかわらず神札を拝みなさい」と強制した戦前の国家神道と、本質的にはなんら変わりません。

そのような形で「信教の自由」が侵される危険性もあるのだということに、敏感でなければなりません。

第3章

創価学会「会憲」の持つ意味

日本の特殊性を学ばないと、普遍性がわからない

第二章で、「創価学会員のみなさんであっても、そうでなくても国家神道《しんとう》の復活に人一倍警戒《けいかい》心《しん》を持たなければならないし、神道との付き合い方に気をつけないといけない」という話をしました。それと関連して、日本の天皇制についても、通りいっぺんの基礎知識以上のことを学んでおくべきだと思います。それは一つには、かつての国家神道体制において天皇が中核となったからです。日本という国の深層に潜《もぐ》り込んでいる神道の秘密を知るには、天皇制についても知らなければならないのです。

もう一つの理由として、創価学会がこれから本格的に世界宗教化を進めていくにあたっては、「何が日本の特殊性であるのか?」を熟知しておく必要があるからです。それを知らないと、日本の特殊性を普遍的なものだと誤解してしまい、世界各国の人たちと対話を進めるにあたって不都合が生じるからです。

現在の祖父母世代にあたる創価学会員は、昭和天皇に対してネガティブな印象を持っている場合があるかもしれません。というのも、牧口常三郎初代会長と戸田城聖第二代会長を獄に追いやり、牧口会長を殉教《じゅんきょう》させた戦前の国家神道体制の時代、昭和天皇は大日本帝国陸海軍の最高指揮

官たる「大元帥《だいげんすい》」だったからです。間接的とはいえ、初代会長の殉教に、昭和天皇も責任を負っています。

しかし、みなさんのご両親の世代、ましてやみなさんのような若い世代ともなれば、天皇制に対するネガティブな印象は、もうあまりないのではないでしょうか。

個人的に天皇にどんな印象を持っているかはさておき、天皇制について学ぶことは、創価学会というこれからの世界宗教を担う人にとって、必須の教養ともいうべきものです。天皇制がどれほど深く日本文化を規定しているかを示す一つの事例として、中国や朝鮮半島と日本では、儒教の受容のありようが異なっていることが挙げられます。

みなさんには、儒教というと「孔子の教え」というイメージがあるでしょう。もちろん、儒教は孔子を始祖とする思想体系ではあります。ただ、孔子と並んで「孟子の思想」という側面も強いのです。そのため、儒教には「孔孟の教え」という別名もあります。

孟子は孔子の教えを受け継ぎ、発展させた重要人物です。じつは、中国や朝鮮半島においては、儒教といえば孔子よりもむしろ「孟子の思想」として受け止められています。つまり、孔子より孟子のほうがウェイトが高いのです。

ところが日本においては、孟子というと、教訓的な「孟母三遷《さんせん》」「孟母断機《だんき》」のエピソードだけがよく知られていて、ほかの教えは人口に膾炙《かいしゃ》していません。それには明確な理由があります。孟子の教えの中にある「易姓革命《えきせいかくめい》」の思想が、日本では受け入れられなかったのです。そして、なぜ受け入れられなかったかといえば、天皇制に関係があります。

「易姓革命」とは、一言で言ってしまえば「王朝の交代を正当化する理論」です。「革命」というと、学会員ならまず「人間革命」を連想するでしょうが、ここでいう「革命」は「天命を革《あらた》める」という意味です。

中国には、「天が自分の代わりに、徳のある王に地上を治めさせる」という考え方がありました。王は、徳があるからこそ天によって「選ばれた」存在だと考えられていたのです。ところが、王が暴君と化して民衆を苦しめると、天はその王を見捨て、別の王を選んで暴君を放伐《ほうばつ》（追放・征伐《せいばつ》）させます。そして、暴君を倒した新しい王が、新たな王朝を築き上げるのです。それが「天命を革める」ということであり、王朝の名が変わることを「易姓」と呼ぶのです。

中国では歴史上、頻繁に王朝が交代していたわけですが、その交代はこの「易姓革命」の理論によって裏付けられ、正当性を付与されたのです。

易姓革命理論にまつわる面白い話を、一つ紹介します。

みなさんは、虹を見たときにどんな気持ちになりますか？

たぶん、「きれいだな。今日は何かいいことがありそうだな」とウキウキした気分になって、スマホで虹の写真を撮ってインスタグラムにアップしたりすると思います。少なくとも、「今日は虹を見てしまったから嫌な気分だ」という人は、現代日本にはほとんどいないはずです。

ところが、中国人にとって、虹は不吉なものなのです。したがって、みなさんに中国人の友人がいたとしたら、その友人にメールで虹の写真を送ったりしてはいけません。こちらがよかれと思ってしたことでも、先方は「なんだ、虹の写真なんか送ってきやがって、縁起でもない」と怒ってしまうからです。

なぜ中国人が虹を不吉だと感じるかといえば、易姓革命理論において、虹は天が怒っている「凶兆」とされていたから。その名残が、現代中国にもあるのです。私の知人の中国大使館の書記官は、「子どものころ、母から『虹を見ると目がつぶれるから、見ちゃいけないよ』と教えられた」と言っていました。

じつは明治時代までの日本人も、虹を見ると不吉と感じて嫌がったのだそうです。易姓革命理論が定着しなかったとはいえ、『孟子』は日本にも入ってきていましたから、その影響があったのでしょう。

では、現代日本に生きる我々が、虹を見ると「いいことがありそう」と感じるのは、何が理由なのでしょう？　それは、おそらくキリスト教からの影響です。

『旧約聖書』にある「創世記」の「ノアの方舟《はこぶね》」の物語の中で、大洪水を乗り越えて生きのびたノアたちに対し、神が「もう人類を滅ぼすような大洪水はけっして起こさない」と約束し、その約束の印として空に虹をかける場面があります。西洋で虹が吉兆としてイメージされるのは、ここに淵源があるのです。そして、そのイメージが明治以降の日本人にも影響を与えたわけです。

そのように、虹のイメージにすら宗教の影響が見られるというのは興味深いことだと思います。

日本に「易姓革命」は起きたのか？

話を戻します。日本で「易姓革命」理論が受け入れられなかったのは、天皇制と関係があると言いました。それはどのような関係でしょうか？

説明したとおり、易姓革命は王朝の交代を正当化する理論です。しかし、神武天皇以来の日本の歴代天皇は、「万世一系」――つまりアマテラスオオミカミから血縁で結ばれた子孫たちだということになっていて、「王朝の交代」などあってはならないことだと考えられています。だからこそ、易姓革命理論を日本に定着させるわけにはいかなかったのです。それが、日本で孟子の思想があまりポピュラーでない理由でもあります。

我々にはみな戸籍があり姓がありますが、じつは戸籍も姓もない日本人がごく一部に存在します。上皇・上皇后・天皇・皇后などの皇族です。美智子様には結婚前に「正田」という姓があり、雅子様の結婚前の姓は「小和田」でした。しかし、皇室に嫁いでからは「美智子様」「雅子様」とだけ呼ばれていきます。姓がなくなったのです。また、我々のような戸籍を持っていない代わりに、「皇統譜」というものが皇室にはあります。

ではなぜ、天皇には姓がないのか？　「万世一系」だからです。初代天皇から今上天皇に至るまで、綿々と一つの同じ家系から天皇は生まれてきたため、姓をつけて区別する必要がなかったのです。

裏返して言えば、易姓革命が起こって別の王朝に交代されては困るから、そもそも姓をつけなかったということでもあります。ともあれ、万世一系という神話が、天皇が姓を持たないことに示されているわけです。

しかし、万世一系は、客観的に見ればまさに神話でありフィクションです。というのも、「記紀」――『古事記』と『日本書紀』の記述を検証するだけでも、実際には古代において王朝交代が起きていたことがわかるからです。

これは天皇制のタブーに触れるテーマなので、日本史の授業では教えられなかったと思いますが……。古代の第二五代天皇に「武烈天皇」がいました。

この武烈天皇について、『古事記』では「日続《ひつぎ》知らすべき王《みこ》無かりき」――つまり「跡継ぎとする子どもがいなかった」という記述があります。また、『日本書紀』にも、「男女《おとこみこおみなみこ》無《な》くして継嗣《つぎ》絶《た》ゆべし」と、やはり跡継ぎの子どもがいなかったと書かれています。いずれの記述をとっても世継ぎがいなかったわけで、万世一系の血統がここで一度途絶えたと考えることもできます。

では、その次の天皇はどうしたのかといえば、第二六代の継体天皇は、第一五代応神天皇の五代あとの子孫だと言われています。つまり、武烈天皇に跡継ぎがいなかったために、数百年前に遡《さかのぼ》る別の天皇の子孫を、天皇に据《す》えたわけです。

とはいえ、一五代天皇の五代あとの子孫を二六代天皇に据えるというのは、あまりに遠く離れすぎていて、もはや同じ血統とは言いにくい気もします。

武烈から継体への変則的な皇位継承は、万世一系の糸が辛くもつながったと見るべきなのか？　それとも、この時点で皇統が途切れ、実質的な王朝交代が日本でも起きていたと見るべきなのか？　歴史学者の間でも議論があるところです。これを「武烈・継体問題」と呼びます。

さて、この「武烈・継体問題」には、もう一つの重要な側面があります。それは、跡継ぎを残さずに崩御《ほうぎょ》した武烈天皇が残虐極《ざんぎゃく》まりない人間だったという話です。ただし、その話は『古事記』にはまったく記されておらず、『日本書紀』にだけ記されています。

『日本書紀』には武烈天皇の悪逆非道の行いとして、たとえば「妊婦の腹を切り裂いて、中の胎児を見た」とか、「人の生爪を剝がして、その指のままで山芋を掘らせた」とか、「人を樹に登らせておいて、弓で射落として笑った」とか、「女を裸にして平板に縛り付け、牡馬と性交させた」などということが書かれています。

そうした胸の悪くなるような残虐行為の数々が、どこまで史実なのかははっきりしません。もしかしたら、継体天皇に後を継がせたことを正当化するために、後から創作された「物語」なのかもしれません。

そう考えると、ここで易姓革命理論がまた浮上してきます。すでに述べたとおり、易姓革命理論は、「王が民衆を苦しめる非道な行いをくり返すと、天が怒って別の王朝に交代させる」というものだからです。「武烈天皇が悪逆非道な行いをしたからこそ、易姓革命理論にのっとって王朝交代がなされた」という解釈が可能になるわけです。

その「武烈・継体問題」については、かつて、北畠親房が独自の解釈を行ったことがあります。北畠親房は、南北朝時代に南朝側の思想家・イデオローグだった人物です。彼は主著である『神皇正統記《じんのうしょうとうき》』の中で「武烈・継体問題」に論及し、万世一系思想についても独自の解釈を披露しています。

話が前後しますが、それよりも前の鎌倉時代末期において、天台座主《ざす》――つまり天台宗のトップであった慈円《じえん》が、『愚管抄』という著書の中で「百王説」というものを紹介しました。百王説とは、かんたんに言えば「どんな王朝も、最長で百代までしか続かない。それが限界である」とする考え方で、中国の「四書五経」の一つ『礼記《らいき》』の中に書かれているものです。

慈円は『愚管抄』の中で、「中国の思想というのはいまの世界におけるグローバルスタンダードだから、日本にも適用できる」という意味の主張をし、そのうえで次のように書きました。

〈神武天皇の御後、百王ときこゆる、すでにのこりすくなく、八十四代にも成《なり》にけるなかに〉

（『日本古典文学大系八六』）岩波書店、一九六八年、一二九頁）

つまり、〝神武天皇から数えていま（鎌倉末期）の天皇は八四代目だから、あと一六代のうちに天皇の王朝は滅びるだろう〟と、いわば予言したのです。

当時の天台座主というのはたんなる「偉いお坊さん」ではなく、日本のオピニオン・リーダーであり、とくに国家を守護するための思想を作る役割と考えられていました。そのため、慈円のこの主張は、鎌倉時代末期における日本の公式ドクトリン（教義）となったのです。

北畠親房が『神皇正統記』で「武烈・継体問題」に論及したのは、一つには慈円の予言に対する反論という意味合いがありました。「百代までで天皇の王朝が滅びる」という慈円の主張は間違っている、と言いたかったのです。

親房は、慈円が中国の『礼記』の考え方をそのまま日本に適用したことを批判しました。なぜなら、日本は神道を原理とする皇統が古代からずっとつづいている独特な国であり、頻繁に王朝が入れ代わっている中国のスタンダードは、日本にはあてはまらないというのです。だからこそ、天皇の王朝は百代を超えてもまだつづく、と親房は言います。ただし、彼の万世一系理解はかなり柔軟で独特でした。それは、易姓革命理論をふまえたうえで、なおかつ独自のアレンジを加えた考え方だったのです。

親房は、「ある天皇が悪政を行った場合、そのような天皇は廃され、皇族の中でこれまで傍流とされていた者が新たな天皇に就《つ》く。このようにして、同じ王朝の中で『革命』が起きる」と考えました。それは、別の血統の者が新たな王になるのではない。天皇家という万世一系の大樹の中で、悪政が原因で一つの幹が枯れ果てた場合、別の枝が太くなって新たな幹になるのだ……と、親房は言うのです。つまり、「別の王朝に変わるのではなく、同じ王朝の内部で放伐が起きるのだから、易姓革命ではない」という理屈です。

この理屈をあてはめれば、武烈から継体への変則的な皇位継承は正当化できるし、万世一系の皇統が途中で切れたことにもなりません。親房は、いわば万世一系の拡大解釈を行ったのです。この親房の打ち立てた考え方が、現在に至るまで日本の公式ドクトリンになっています。だから、「武烈・継体問題」でも万世一系は損なわれていなかった、という見方になるわけです。

日本の歴史を学ぶことが世界広布に役立つ

さて、天皇と万世一系の話を延々としてきました。「その話が、創価学会の世界宗教化というテーマと何の関係があるんだ?」と首をかしげた人もいるかもしれません。

これからみなさんの中には、創価学会の世界宗教化が進めば進むほど、海外の異なる文化で生まれ育った人と接する機会が増える場合もあるでしょう。そういう機会にしばしば質問されるのは、日本の歴史についてであり、なかんずく日本の宗教をめぐる事柄であるはずです。

そんなとき、もしも「私は日蓮仏法と創価学会についてはくわしいけど、それ以外の宗教や日本の歴史についてはよくわからないんですよ」と答えてしまったら、どうなるでしょう?「こいつは日本人のくせに、日本の宗教や歴史について無知なのか」と呆《あき》れられてしまうはずです。

そしてそのことが、創価学会の世界広布を邪魔《じゃま》する小さな障害にすらなりかねません。なぜなら、実際の立場がどうあれ、相手の目にはその人が創価学会の代表であるかのように映るからです。その人が日本の歴史や日蓮以外の宗教に無知であったなら、相手を折伏しても説得力がないのです。

創価学会員にとっての師匠である池田大作第三代会長は、不世出の名教師であった戸田第二代会長から、八年間にわたる個人教授を受けました。「戸田大学」の名で知られる、師弟不二の個人教授です。そして、戸田大学での真剣な学びで培った教養が、第三代会長となって文明間・宗教間対話を重ねるようになってから、対話の土台となったと池田会長は述懐しています。なにしろ、「二十世紀最大の歴史家」と呼ばれたトインビー博士と対等に伍《ご》すだけの教養が身についていたのですから、すごいです。

そこまではいかないとしても、海外の知的エリートと話したときに「さすがに日本の歴史や宗教にくわしいな」と感心してもらえる程度の教養は、必要ではないでしょうか。

私自身の経験を話します。私は大学入試では世界史を選択しました。大学と大学院時代も、キリスト教研究は世界史と密接に結びついてますから、世界史については真剣に学びました。そのかわり、日本史については十分な勉強ができないまま、外交官としての第一歩を踏み出したのです。

ところが、外交官という仕事には、じつは日本史の教養が強く求められます。というのも、外交官として海外の知的エリートとコミュニケーションするときに、彼らからの質問で最も多いのが日本の歴史についてのものであるからです。外務省に入省すると、最初は厳しい研修が待っています。その研修の中で、研修生の一人が講師（OB外交官）にこんな質問をしました。

「海外に勤務するとき、どんな本を持って行ったらいいですか?」

それに対して、講師は少し考えたあとで、次のように答えたのです。

「日本史の本を持って行きなさい。外国人から私たちが受ける歴史に関する質問のほとんどが日本関連のものだ。そのとき、きちんとした対応ができないといけない。恥ずかしい思いをするだけでなく、自国の歴史をきちんと知らない外交官は、外国人から尊敬されない」

私は「なるほど」と思い、中公文庫版の『日本の歴史』全二六巻と、安藤達朗著の受験参考書『大学への日本史』を購入しました。とくに後者については、外交官時代、つねにカバンに入れて持ち歩き、ボロボロになるまで読み込みました。そうやって得た知識が、外交官としての仕事にどれほど役立ったか、計り知れません。

『大学への日本史』は受験参考書の名著で、私は最近、同書を『いっきに学び直す日本史』(東洋経済新報社)と改題して復刊する企画に携わりました。日本史についての最高の基本書でもあるので、みなさんにもおすすめします。

以上は外交官としての体験ですが、創価学会の世界宗教化を担うことになるかもしれないみなさんにも、同じように日本史の教養が求められていると思います。たとえば、天皇と万世一系について海外の人から質問されたとき、さきほど述べたようなことをふまえて話ができれば、相手に軽んじられずに済むはずです。通りいっぺんの表面的知識ではなく、天皇制や神道の内在的論理を知っておくことが大切なのです。

歴史の勘所を押さえるために

「歴史を学ぶことは、史観を養うことだ」と、「戸田大学」の中で戸田第二代会長が、若き日の池田会長に言われたそうです。

ほんとうにそのとおりで、年号や人名などを暗記することが歴史を学ぶことなのではありません。史観――歴史に対する自分なりの見方・考え方を身につけるということが、歴史を学ぶうえでは最も大切なのです。言い換えれば、歴史の勘所《かんどころ》をいかにつかむかということです。

たとえば、ヨーロッパの歴史を学ぶうえでいちばんの勘所となるのは、一六四八年の「ウエストファリア条約」締結です。なぜなら、ウエストファリア条約によってヨーロッパの主権国家体制が確立し、カトリックとプロテスタントの長年にわたる対立に終止符が打たれたからです。つまり、ウエストファリア条約の締結によって、国際関係の基本が国家に置かれるようになったのです。

それ以前の時代には、国家よりも宗教のほうがウェイトが大きかった。たとえば、一五一七年から宗教改革が始まったわけですが、だからといって、民衆一人ひとりが自分の宗教を選べたわけではないのです。住んでいる土地の領主が、カトリックなりルター派なりを選び、領民はそれに従うしかありませんでした。しかし、その構図がウエストファリア条約で壊れ、宗教よりも国家のウエイトが大きくなっていく。そこから本格的な「世俗化」が始まって、啓蒙《けいもう》思想が流行していくのです。

こういう流れで見ていくと、ウエストファリア条約というのは、ヨーロッパが中世から近代へと変わる大きな結節点となったことがわかります。だからこそ勘所なのです。

世界史や日本史の教科書には膨大な知識が詰め込まれているので、全部を平面的に覚えようとすると途方に暮れてしまいます。しかし、ウエストファリア条約のような勘所をまずしっかり押さえ、全体の流れをつかむようにすると理解しやすくなります。

教科書に登場する文学などの重要作品についてもしかりです。その全部を読むことは不可能に近いですが、勘所となる作品については読んでおいたほうがいい。たとえば、ダンテの『神曲』、ゲーテの『ファウスト』、日本なら『太平記』……このあたりはぜひ一度読んでおくべきだと思います。

ゲーテの『ファウスト』は、日本では「タイトルだけは知っているけれど、読んだことがない」という人が多いと思います。しかし、ドイツ人やイギリス人、あるいはロシア人で知識人といわれる人たちは、たいてい『ファウスト』を読んでいます。『ファウスト』は、「知識人としての入場券」ともいうべき書物なのです。その意味で、みなさんも、基本文献として読んでおくべきです。池田会長も、『ファウスト』についてはスピーチや随筆、対談集などでくり返し言及されています。

その『ファウスト』は、じつはダンテの『神曲』を下敷きにして書かれています。つまり、『神曲』も非常に重要な作品だということになります。

なぜ重要かといえば、『神曲』はヨーロッパの人たち、あるいはアメリカも含めた欧米人たちの、宗教観の基本になっている作品だからです。と同時に、中世的な表象が多く用いられていないながら、作品をつらぬく思考スタイルは近代的であるという「ハイブリッドな作品」であり、だからこそ重要なのです。

『神曲』は、主人公が地獄《じごく》と煉獄《れんごく》と天国を見ていくという物語です。「煉獄」というのはカトリックの概念で、修行が足りなくて天国に行けなかったり、洗礼を受けずに死んだ人が行く場所です。そういうカトリックの世界観も、物語を通しておのずと理解できます。

日本でもベストセラーになり、映画化もされた『ダ・ヴィンチ・コード』という小説がありますね。あれを書いたダン・ブラウンという作家が次に『インフェルノ』という小説も書いたのですが、これは日本ではほとんど売れませんでした。なぜかというと、ダンテの『神曲』が下敷きになっている作品で、『神曲』を読んだことがないと理解できない構成になっていたからです。したがって、一般の日本人にはわかりにくかった。逆に言うと、ヨーロッパにおいては『神曲』の内容はみんな知っていて当然だから、『インフェルノ』も理解されたのです。

そのように、ヨーロッパの知識人なら常識レベルになっている作品だからこそ、『神曲』は一度読んでおくべきです。

「『神曲』の内容は中世と近代のハイブリッドだ」と言いましたが、日本では『太平記』が同じようにハイブリッドな作品です。陰陽師《おんみょうじ》とか天狗《てんぐ》とかが出てきて、中世的な表象に満ちているのですが、作品をつらぬく論理は近代的なのです。

十六世紀に、フランシスコ・ザビエルをはじめとするイエズス会の宣教師たちが、日本へやってきて宣教しましたね。じつは彼らは、『太平記』を読んで日本語と日本の歴史を勉強していました。『源氏物語』や『平家物語』の日本語では通用しないけれども、『太平記』の日本語なら十六世紀の日本でそのまま通じたのです。

当時、マカオでキリシタン版の『太平記』が印刷されていました。まさにそれが、十六世紀の宣教師たちが学んだ版なのです。キリスト教系出版社である教文館から、近年になって復刻版(『キリシタン版太平記抜書』)が刊行されています。それを見ると、マカオの司教が「これは反キリスト教的な書物ではない」と認定する証明文が付されています。その内容は、四〇巻に及ぶ長大な『太平記』を六巻分に抜粋・編集したもので、日本語と日本人の歴史と生活が学びやすいように構成されています。また、元の『太平記』には神道や仏教に関わる記述が多く出てきますが、そのうち、キリスト教徒から見て好ましくない箇所は削除されています。

イエズス会の宣教師たちが日本と日本語を学ぶ教科書として用いたくらいですから、現代日本の我々が読んでも、南北朝時代の日本について学ぶためのテキストとして有用なのです。

以上のように断片的に紹介してきた話だけを見ても、歴史というものがいかに深く宗教と関わっているかが、よくわかると思います。宗教を抜きにして歴史は学べません。逆に、宗教に注目して見ていくと、歴史の勘所がよく見えてくるのです。

池田会長が中心となって成し遂げてこられた、現在までの世界広布の歩みについても、宗教に着目してみると理解が深まります。たとえば、創価学会は旧ソ連とも深く交流を結んできました。池田会長は世界の大学からたくさんの名誉博士号を受けてきましたが、その第一号となったのは一九七五年にモスクワ大学から授与された名誉博士号でした。

これは、ある意味で不思議なことです。ソ連は「科学的無神論」を国是《こくぜ》として掲げていた無神論国家でした。したがって本来、宗教者とは相容《あいい》れないはずだったのです。にもかかわらず、池田会長が訪ソすればソ連共産党中央委員会がきちんと対応し、国家の賓客《ひんきゃく》として遇《ぐう》した。そして、モスクワ大学の名誉博士号まで贈った。それはなぜなのか？

もちろん、池田会長の人格的な輝きによって彼らが心を開いたという側面が大きいでしょう。ただ、それとは別に、仏教が無神論的宗教であることも一つの要因だったと私は考えています。「仏教は無神論」というと、みなさんは驚くでしょうか？　しかし、キリスト教やイスラム教と比較したときに、仏教は「宗教でありながら無神論的」と見做《みな》されるのです。

もちろん、ひとくちに仏教といってもさまざまあり、阿弥陀仏の救済を求める浄土宗・浄土真宗など、有神論的傾向を持つ宗派もあります。しかし、全体としては仏教は無神論的です。「神が人間を作った」というような、超越神的存在は信じていないからです。

したがって、無神論国家であったソ連としては、キリスト教やイスラム教よりは、仏教者のほうがずっと交流しやすかった。「仏教というものは無神論的構成を持っているから、我々とわかりあえる部分もあるだろう」ということで、交流のハードルが低かったのだと思います。

『人間革命』の改訂は「生きた宗教」である証

私は、キリスト教がたどってきた二〇〇〇年の歴史を熟知しているからこそ、創価学会がいま置かれた状況についても、キリスト教とのアナロジー（類推）でよくわかる面があります。たとえば、他の論者が行っている創価学会批判についても、「そんなことはキリスト教の歴史を考えれば当然のことだし、批判するには当たらないだろう」と思うことがあります。世界宗教の常識に照らしてみれば的外れであることが、よくわかるのです。

たとえば、池田会長の長編小説『人間革命』は、近年、随所に改訂が施された「第二版」が刊行されました。改訂が必要になった理由については、『人間革命』聖教ワイド文庫版の序文で、次のように説明されています。

〈『人間革命』は、創価学会の精神の正史である。文庫版発刊に先立ち、『池田大作全集』への収録・発刊にあたって、全集刊行委員会から問題提起がなされた。

――それは、この二十年ほどの間で宗開両祖《しゅうかいりょうそ》に違背し、腐敗・堕落してしまった宗門が、仏意仏勅《ぶついぶっちょく》の創価学会の崩壊を企て、仏法破壊の元凶と成り果てた今、『人間革命』を全集に収録する際にも、その点を考慮すべきではないか、ということであった。
そうした経緯から全集刊行委員会が名誉会長に宗門関係の記述について再考を願い出たところ、名誉会長は熟慮の末に、「皆の要請ならば」と、その意見を尊重し、推敲《すいこう》を承諾してくれた。
また、歴史の記述についても、原稿執筆後に新たな資料が発見、公開されていることなどから、再度、精察し、「五十年後の、若い読者が読んでもよくわかるように、表現や表記等も、一部改めたい」との意向であった〉
（二〇一三年、三～四頁）

この改訂について、創価学会に批判的な勢力や論者から、〝内容を変えることは、都合の悪い歴史を隠蔽《いんぺい》・改竄《かいざん》しようとする行為であり、変節である〟などという批判がなされたのです。

しかし、私から見ると、この改訂がなぜ批判されるのか、さっぱりわかりません。というのも、我々プロテスタントのキリスト教徒にとって、『新約聖書』の内容が時代に応じてこれまで何十回も改訂をくり返してきたことは、常識であるからです。改訂の中身は、たとえば文献学的な研究の成果によって間違いであるとわかった記述を直したり、言葉遣《づか》いを現代語に直してわかりやすくしたり、文法的に誤訳であることがわかった部分の改訳であったりと、さまざまです。

『人間革命』の改訂を批判する人は、『新約聖書』がくり返し改訂されてきたことを知っているのでしょうか？

ただし、プロテスタントが聖書の改訂をくり返してきたのとは対照的に、カトリックは改訂をせず、『ウルガタ』（ラテン語の聖書）の内容を不動のものとして扱う傾向があります。それはさておき、我々プロテスタントにとって、『新約聖書』は「いまここにいる人たちを、キリストの教えによって救う」という目的のためにあるテキストです。そうであるならば、いま生きている人たちにとっていちばん理解しやすい形に、時代に応じて改訂するのも当然のことなのです。

『人間革命』も同じことです。同作品は、研究者や「学会ウォッチャー」のために書かれたわけではなく、日本中の学会員、世界中のＳＧＩメンバーのために書かれたものです。個々のメンバーが学会の歴史を学び、自らの人間革命をいかに成し遂げていくかを学ぶためのテキストなのです。だからこそ、いまの時代にふさわしいアップデートがなされるのは当然といえます。

宗門との訣別《けつべつ》からすでに三〇年近くを経て、若いみなさんにとっては大石寺とか、宗門のことなどよくわからない面が多いでしょう。そのように、執筆当時と比べて宗門との関係が大きく変わった以上、その変化に応じて改訂がなされるのはあたりまえのことです。そうした変化は、創価学会が「生きた宗教」である証なのです。

みなさんの中には、創価学会の世界宗教化を担っていく立場になる人もいるでしょうから、まず第二版で『人間革命』の思想をきちんと学んだうえで、第一版も読んで改訂の中身を知ることも大切かもしれません。そのうえで、第一次・第二次宗門事件についてもよく理解して、「なぜこうした改訂が必要になったのか？」を自分の頭で考えてみること――これも重要な課題になるはずです。

基本型を押さえてこそ「型破り」になれる

ついでに、日蓮仏法の教学研鑽《けんさん》についても、私の外部観察者としての意見を述べておきます。創価学会の場合、全国的に教学試験が行われる二カ月くらい前になると、学会の公式サイトに試験勉強のためのネット講義がアップされますね。じつは私も、あの時期にネット講義をよく見ているのです。ネット講義はテーマごとに、短くて八分ぐらい、長くても一五分ぐらいにまとめられていて、いつも「よくできているなァ」と感心しています。仕事をしながら教学試験を受ける人が大半でしょうから、あまり長い講義では大変だろう、という配慮が感じられます。

講義の内容についても、学会教学部の担当者が、絶対に基本線から外れず、私的な意見も一言も述べずに、基本の「型」を重視する内容になっています。これは正しい方向性です。教学力の基礎を育む試験というものは、徹底して基本の「型」を重視すべきなのです。

私は同志社大学神学部の学生たちに講義する際にも、「学部時代には神学の基本型を徹底して覚えてほしい」といつも言っています。なぜかというと、学問でも武道でもなんでも同じですが、基本の型をしっかりと身につけた人だけが、その後に「型破り」なことをして独自性を発揮できるからです。型を身につけないうちに型破りなことをやろうとしても、それは型破りではなくただのデタラメになってしまうものなのです。

宗教においては、最初に神学や教学の基本型をしっかり教えることが、世界宗教の特徴です。キリスト教の場合、それは「カテキズム」と呼ばれるもので、キリスト教の教理をわかりやすく説明した入門用のテキストが用意されているのです。

創価学会の場合には、『教学入門』とか『やさしい教学——新会員講座』などという入門用テキストがありますが、それと同じです。洗礼を受けて間もない人などは、まずこのカテキズムのテキストをしっかりと学ぶことになっています。

イスラム教の場合は、『コーラン』や『ハディース』といった基本的な聖典を、まずは徹底的に覚えさせます。それが基本型になるのです。

そのように、基本型をしっかりと身につけるための体制が整備されているという面でも、創価学会はすでに世界宗教になる準備ができていると言えます。

「会憲」と「エキュメニカル信条」の共通性

創価学会の世界宗教化が本格化したことを示す大きなメルクマール（指標）として、私は二〇一七年に「創価学会会憲」が制定されたことを挙げたいと思います。

「会憲」とは、学会公式サイトの説明によれば、〈創価学会は、世界に広がる世界教団であり、「創価学会会憲」は創価学会の最高法規として、全世界の創価学会の団体と会員に適用される〉（トピックス、二〇一七年九月二日）とのことです。第14条に〈この会憲は、この会の根本規範であり最高法規であって、他の規定に優先する〉とあるとおり、文字どおり「創価学会の憲法」に当たるものなのです。

もちろん、創価学会の会則はそれ以前からありましたし、「ＳＧＩ憲章」もすでにありました。ではなぜ、新たに「会憲」の制定が必要になったのか？　それはまさに、世界宗教化を見据えた対応だったのだと思います。

創価学会はいまや世界一九二カ国・地域にまで広がり、これからどんどん世界で発展しようとしています。そうなると、日本とまったく異なる文化・宗教土壌を持つ国も多いわけですから、全世界共通の創価学会の規範となる「最高法規」が、これまで以上に重要になってきたわけです。それは、〝創価学会メンバーとして、この基本線は絶対に外れてはいけない〟という、信仰における共通の「基本文法」を定めたものといえます。

私はこの会憲の重要性を、キリスト教における「エキュメニカル信条」とのアナロジーで理解しました。「エキュメニカル信条」とは、カトリック・プロテスタント・東方正教のすべての教派にわたって共通の、キリスト教としての「基本文法」をまとめたものです。

ひとくちにキリスト教といっても、カトリックとプロテスタントと正教では、基本的な考え方からして大きく違います。それでも、「ベン図」（集合の関係を図式化したもの）の二つの円が重なった部分のように、「ここの部分は共通している」という基本的な考え方もあります。その共通部分について、三位一体《さんみいったい》の神の信仰、イエス・キリストによる贖罪《しょくざい》、復活の信仰、教会の本質などについて簡潔にまとめたのが、「エキュメニカル信条」なのです。カトリックとプロテスタントと東方正教が共通して用いる信条が、エキュメニカル信条です。エキュメニカル信条とは、ここでは「キリスト教世界において全教派が一致した信条」という意味です。

この「エキュメニカル信条」に相当するものは、「使徒信条」「ニカイア・コンスタンティノポリス信条」「カルケドン信条」「アタナシウス信条」です。使徒信条とアタナシウス信条は（カトリック・プロテスタント）教会で、ニカイア・コンスタンティノポリス信条とカルケドン信条は東側（東方正）教会で用いられることが多いですが、この四つの信条はすべての教会で認められています。エキュメニカル信条に、キリスト教世界に共通する基本文法が記されているのです。信条の具体的な内容については、煩雑《はんざつ》になりすぎるのでここでは踏み込みません。ともあれ、エキュメニカル信条というものがあって、それがキリスト教全教派の基本文法になっていることを理解してください。

さて、ではなぜ、エキュメニカル信条のたぐいが制定されるようになったのでしょうか？　これは一言で言えば、キリスト教の世界宗教化に対応した動きでした。

すでに述べたとおり、三一三年の「ミラノ勅令《ちょくれい》」によってローマ帝国で公認されるまで、キリスト教は非合法な反体制宗教であって、ローマ帝国に弾圧されていました。弾圧されていたころには、エキュメニカル信条に当たるものを作ろうとする動きはまったくありませんでした。弾圧に抗するのが大変でそれどころではなかったということもあるでしょうが、そのころはまだ、キリスト教徒たちの見解が一致していたからでもあります。

しかし、ローマ帝国に公認されて事実上の国教となり、キリスト教徒がどんどん増えていくと、キリスト教内部にも異なる見解を持つ派閥《はばつ》が生まれ、対立が生じてきます。だからこそ、その対立を調整して共通の信条を作り、異なる教派が共存できるようにすることが必要になってきたのです。

ミラノ勅令を発したコンスタンティヌス帝（一世）は、ローマ帝国の統一を維持するためにはキリスト教が有用と考え、優遇政策を取りつづけました。しかし、当時の教会では、父なる神と子なる神（＝キリスト）の関係をめぐって、激しい論争が展開されていました。父と子が同一の本質を持つと考える「アタナシウス派」と、父の方が勝っていると考える「アリウス派」が対立していました。そこで、コンスタンティヌス帝は三二五年に「ニカイア公会議」というものを開き、そこで「ニカイア信条」が採択されました。

この例に見るように、キリスト教世界で深刻な見解の相違と対立が生じたとき、それを調整して共存を図るために、エキュメニカル信条は生まれたわけです。

ミラノ勅令による「与党化」が、キリスト教が世界宗教化する大きな契機となったという話を第一章でしましたね。まさに世界宗教化が始まったからこそ、共通の基本文法を定めておく必要が生じたわけです。

もっとも、キリスト教の場合とは違って、各国SGIと日本の創価学会の間には、深刻な教義上の対立が生じているわけではありません。しかし、今後世界宗教化が進んでいくにつれ、そうした対立が生まれる危険性は十分にあります。その危険性をふまえて、基本的な教義について見解の相違が生じた場合、どちらが正しいかを判定するための基準として、あるいは「立ち戻るための原点」として、会憲は制定されたのだと私は思います。

そしてそれは、創価学会の世界宗教化が本格化したからこそ必要になったのです。

「三代会長こそが根幹」であることを明確化

会憲は二〇一七年十一月十八日に施行されましたが、その二カ月以上前の同年九月一日に創価学会の総務会で可決され、翌九月二日付の『聖教新聞』紙上で発表されました。九月一日の段階ですぐに施行することもできたはずですが、あえて二カ月余の時間を置いたわけです。このことの意味をまずは考えてみましょう。

この二カ月余は、おそらく全学会員への「周知徹底期間」として用意されたのだと思います。『聖教新聞』に発表したとはいえ、全学会員がすぐにそれを読むとは限りません。また、読んだとしても、会憲の持つ意味がよく理解できない人もいるでしょう。だからこそ、各地域の幹部が地元の会員たちを家庭訪問したり、いろんな地元の会合で担当幹部が説明したりする形で、会憲の意味をしっかりと考え、理解してもらいたい、と。また、もしも疑問に思う点があったら、そのことを率直に言ってもらって、地元幹部と議論してもらってもいい、と……。そうした意味での猶予《ゆうよ》期間を置いたのでしょう。

私はそういう点に、創価学会の民主的なあり方を感じます。世間の人の中には、「創価学会では、学会本部が決めたことに会員たちが唯々諾々《いいだくだく》と従うだけだ」と思っている人もいますが、けっしてそんなことはないのです。

さて、ここからは、会憲の具体的内容を引いて、それが創価学会の世界宗教化をどのように示しているかということを説明していきましょう。

まず、学会の公式サイトに、会憲の内容を簡潔に要約した文章があるので、それを引用します。

〈会憲は、前文と15条の本文からなっている。前文の内容は、「三代会長」の広宣流布における偉大な事績を通して、世界に広がる創価学会の不変の規範として、「三代会長」の指導及び精神を永遠に創価学会の根幹とすることを確認し、創価学会の宗教的独自性を明確にするものとなっている。

本文には、創価学会の名称、教義、目的、三代会長、広宣流布大誓堂、名誉会長、会長など創価学会の根幹をなす、世界共通の事項とともに、世界教団の運営に関する事項や、会憲

が根本規範・最高法規であること等が明記されている〉

（前出トピックス）

この要約を見ればわかるとおり、会憲の最も重要なポイントは何かといえば、創価学会の三代会長——牧口・戸田・池田という初代から三代までの会長——について、その意義づけ、位置づけを明確にしている点だと思います。三代会長は、第四代以降の会長とはまったく次元の違う存在であり、三代会長の指導と精神こそが創価学会の根幹なのだ、と……。

つづけて、会憲から三代会長の意義づけに関わる条項を引用してみましょう。

〈牧口先生、戸田先生、池田先生の「三代会長」は、大聖人の御遺命である世界広宣流布を実現する使命を担って出現された広宣流布の永遠の師匠である。「三代会長」に貫かれた「師弟不二」の精神と「死身弘法」の実践こそ「学会精神」であり、創価学会の不変の規範である。日本に発して、今や全世界に広がる創価学会は、すべてこの「学会精神」を体現したものである。

（中略）

創価学会は、「三代会長」を広宣流布の永遠の師匠と仰ぎ、異体同心の信心をもって、池田先生が示された未来と世界にわたる大構想に基づき、世界広宣流布の大願を成就しゆくものである〉

（以上、会憲前文、創価学会公式サイト）

〈第3条　初代会長牧口常三郎先生、第二代会長戸田城聖先生、第三代会長池田大作先生の「三代会長」は、広宣流布実現への死身弘法の体現者であり、この会の広宣流布の永遠の師匠である。

2.「三代会長」の敬称は、「先生」とする〉

（創価学会公式サイト）

〈第5条　この会は、「三代会長」を広宣流布の永遠の師匠と仰ぎ、第2条の教義および前条の目的を同じくする世界各国・地域の団体（以下「構成団体」という。）および会員をもって構成する〉

（同）

これらの条項が揃《そろ》って示しているのは、三代会長は今後もずっと学会員にとって「永遠の師匠」であり、そこを離れて学会の信仰はあり得ないということです。そしてそれは、世界各国のSGI組織においてもしかりである、と……。

これはたとえばの話ですが、将来、どこかの国のSGI組織の長が、「私たちは宗祖・日蓮大聖人は御本仏として尊崇《そんすう》するが、三代会長を永遠の師匠とは認められない」と宣言したとすれば、その瞬間に創価学会とは相容れなくなるということです。それは明確な分派活動と見做《みな》され、長の更迭《こうてつ》などの処置がなされるべき緊急事態となるのです。会憲の規定はそれくらい重いわけです。

三代会長を「永遠の師匠」と位置づけ、その敬称も「先生」と定める形で、きちんと明文化したこと

――これは、創価学会の世界宗教化を推進していくうえで、きわめて重要な意味を持ちます。なぜなら、「信仰の中核となる固有名詞」を持つことは、世界宗教にとって死活的に重要であるからです。

キリスト教の場合、それはいうまでもなくイエス・キリストという固有名詞です。イスラム教の場合、預言者ムハンマドという固有名詞であり、加えてシーア派の場合はアリー（シーア派の初代イマーム＝指導者。シーア派においてはムハンマドに勝るとも劣らない尊崇を受ける）という固有名詞です。「世界宗教では固有名詞が重要だ」というのは、おそらく私だけが主張していることで、少しわかりにくいかもしれません。

その場合の固有名詞とは、ほかの固有名詞では代替不可能な存在です。たとえば、池田大作会長の名を第四代以降の創価学会会長の名に置き換えることは、絶対にできません。

では、それほど重要な固有名詞を根幹に据えることで、何が可能になるのでしょうか？　言葉による教理だけでは説明しきれないことを、その固有名詞の中に込めることができるのです。

私は神学者だから身にしみてよくわかるのですが、宗教の教理というものは、どんなに精緻《せいち》に言語に置き換えても、説明しきれない残余の部分が必ず生まれてしまいます。そこが宗教の宗教たるゆえんで、教理の完全な言語化はじつは不可能なのです。

しかし、宗教の根幹となる固有名詞を持つことで、その問題が解決できます。たとえばキリスト教の場合、イエス・キリストから受ける感化という形で、個々のキリスト教徒が言葉にならない残余の部分までも理解することができる。言葉で表現しきれない教えまで、固有名詞に込めることができるのです。

池田会長の指導や著作に触れて感動するとき、それはたんに表面的な言葉に感動しているだけではない。言語化できない、池田会長の生命・人格・行動そのものから受ける感化もあるはずです。私はそこに、世界宗教における重要な固有名詞が持つ無限の可能性を見出すのです。

池田会長をめぐる「主語問題」について

宗教の中核となる固有名詞の重要性に関連して、「平和安全法制」をめぐる論議の中で浮かび上がった「主語問題」について、ここで一言しておきましょう。

まず、「平和安全法制」についての私の評価を述べます。

一部政党・勢力はあの法制を「戦争法」と呼び、自民党に協力して成立に加担した公明党は、「平和の党」の看板を捨てたのだと批判しました。

しかし、私はそうは思いません。むしろ、「自衛隊を地球の裏側まで米軍に付き従わせることができるような、フルスペックの集団的自衛権行使を可能にしよう」とした自民党案に対して、公明党の主張によって自衛隊の活動にきちんとした歯止めをかけ、「平和の構造」をより強化したのが平和安全法制だと考えています。

とはいえ、それは私の意見です。創価学会員の中にも、「平和安全法制によって戦争のリスクは高まった。公明党があの法制に加担したことは容認できない」という意見を持つ人はいるでしょう。学会員であっても、そういう意見を持つことは自由ですし、その意見に基づいて反対デモなどに参加することも自由です。

ただ、問題なのは、平和安全法制に反対していた学会員の中に、「この法制は池田先生の教えに反しているから許せない。平和安全法制成立に加担した公明党、それを容認した創価学会の現執行部は、師匠である池田先生に違背《いはい》している」と主張していた人が一部存在したことです。

しかし、池田会長は平和安全法制に関する意見を一切発表していません。したがって、「平和安全法制は池田先生の教えに反している」との意見は、それを言っている人たちの勝手な推量、思い込みということになります。

「私は学会員だが、平和安全法制に反対だ」というのなら、主語は「私」であり、自分の意見ですから、表明することは自由です。しかし、「池田先生の教えに反しているから反対だ」となると、それは意見の主語が「池田先生」になってしまいます。その点は看過《かんか》できません。

それはキリスト教徒の立場に置き換えれば、「イエス・キリストの教えに反しているから、平和安全法制には反対です」というのと同じです。当然ながら、イエスが平和安全法制に言及したことなどないわけで、それは勝手な思い込みです。その思い込みのために、自分たちの「救済の根拠」である大切なイエスの名を持ち出すことは、宗教者として許されない行為なのです。

一部の創価学会員が勝手に「池田先生」の名を主語にして、政治問題などについての主張をすること——それを私は「主語問題」と呼んでいるのです。

会憲に定められたとおり、三代会長の指導および精神を活動の根幹とするのが、創価学会員として守るべき基本線です。池田会長が実際には言ってもいない主張を勝手に作り上げて、「池田先生」の名を主語にして自分の政治的主張に利用することは、許されません。それは「分派活動」に相当する行為と見做されますから、どの世界宗教においても認められない逸脱《いつだつ》行為なのです。

もう一つ例を挙げます。二〇一七年末に刊行された『内側から見る　創価学会と公明党』（ディスカヴァー携書）には、「ポスト池田時代の公明党支援の論理」という項目がありました。

著者は創価学会員だそうですが、「ポスト池田時代」などという言葉を使っていること自体、会憲に定められた三代会長の位置づけからの逸脱です。なぜなら、三代会長を「広宣流布の永遠の師匠」と位置づける会憲は、〝創価学会の現体制と池田会長以後の体制には、なんの断絶もない〟と捉《とら》える立場だからです。それに対してこの著者は、現体制と「ポスト池田時代」の体制には明確な断絶がある、と考える立場なのです。そして、「ポスト池田」なる発想それ自体が、会憲を否定する立場なのだと、私は思います。そもそも、同書を読むと著者は創価学会の現執行部に対して批判的ですから、現執行部が制定した会憲に特別な価値を認めていないのでしょう。

私たちキリスト教徒にとって、「ポスト・イエス・キリスト時代」などというものは、想定することすらできません。同じくらい、熱心な学会員にとって、「ポスト池田時代」という言葉は奇妙に聞こえるはずです。池田会長は「永遠の師匠」なのですから……。

統一教会（世界平和統一家庭連合、旧世界基督教統一神霊協会）がなぜキリスト教の教派として認められないかといえば、彼らはキリストではなく文鮮明師を救世主（メシア）として捉えているからです。「ポスト池田」という言葉も、極端に言えばそれと同じです。池田会長を「永遠の師匠」として認めないに等しいのですから。そして、会憲と現執行部を否定する内容の著書、それも商業書籍を世に問うことは、それ自体が分派活動と見做されても不思議はありません。

「主語問題」や「ポスト池田時代」という発想については、会憲の制定によって三代会長の位置づけが明確になったからこそ、創価学会の基本線に反する行為であることが浮かび上がってきたのです。世界宗教化に向けて会憲を制定した意義が、逆説的に証明された事例とも言えるでしょう。

「創価学会仏」に込められた確信

もう少し、会憲の中身を見ていきましょう。

〈末法の御本仏日蓮大聖人は、法華経の肝心であり、根本の法である南無妙法蓮華経を三大秘法として具現し、未来永遠にわたる人類救済の法を確立するとともに、世界広宣流布を御遺命された。

初代会長牧口常三郎先生と不二の弟子である第二代会長戸田城聖先生は、1930年11月18日に創価学会を創立された。創価学会は、大聖人の御遺命である世界広宣流布を唯一実現しゆく仏意仏勅の正統な教団である。日蓮大聖人の曠大《こうだい》なる慈悲を体し、末法の娑婆《しゃば》世界において大法を弘通しているのは創価学会しかない。ゆえに戸田先生は、未来の経典に「創価学会仏」と記されるであろうと断言されたのである〉

（創価学会公式サイト）

これは会憲の前文の一部ですが、まさに創価学会の世界宗教化をまっすぐに見据えた一節になっています。

戸田第二代会長が「未来の経典に『創価学会仏』と記されるであろうと断言されたのである」という部分は、とくに鮮烈な印象を与えます。まだ創価学会が国内のみにとどまっていた時代、しかも、七五万世帯達成に必死の思いで取り組んでいたほど会員数も少なかった時代に、戸田会長は未来の世界宗教化を確信していたわけです。

その強固な確信の土台には、この前文に書かれているとおり、「創価学会は、大聖人の御遺命である世界広宣流布を唯一実現しゆく仏意仏勅の正統な教団である」との確信があったのです。

いまから五〇〇年くらい後の歴史教科書には、世界三大宗教として「創価学会・キリスト教・イスラム教」と書かれているだろう……という未来予測を、第一章で話しましたね。例の「漆塗《うるし》り方式」で、もう一度その話をします。

現在の歴史教科書には、世界三大宗教として「キリスト教・イスラム教・仏教」の三つが挙げられています。信徒数だけで比べるなら、仏教が約五億人、ヒンドゥー教が約一一億人で、ヒンドゥー教のほうが仏教を抜いて世界第三位です。にもかかわらず、なぜヒンドゥー教が世界三大宗教に入らないかといえば、信徒がインドとネパールにほぼ限定されているからです。それでは、信徒数が多くても「世界宗教」とは呼べないわけです。

つまり、「世界宗教」と呼ばれるためには、信徒数が多いのみならず、全世界的な広がりが必要であるわけです。キリスト教の信徒数が約二四億人、イスラム教は約一八億人です。それに比べれば仏教は信徒数の面でかなり少ないですが、地理的な広がりについてはどうでしょうか？

仏教が盛んなのは、日本と韓国、東南アジアです。要は、東アジアと東南アジア――アジア限定の宗教と化しているわけです。しかも、発祥地であるインドでは一度イスラム教徒に滅ぼされたため、仏教徒はごく限定的な存在です。

一方、キリスト教は南北アメリカ、ロシア、ヨーロッパ各国に多く、さらにはアフリカと中東にもかなりの数の信徒がいます。イスラム教も、アフリカ、中東、アジアではフィリピンのミンダナオ島あたりまで広がっています。世界最大のイスラム教国は、周知のとおりインドネシアです。つまり、キリスト教もイスラム教も、全世界に広がっているわけです。そうであってこそ世界宗教の名にふさわしいでしょう。

そう考えると、いまやアジア限定の宗教と化している既成仏教各派は、世界宗教と呼ぶにはあまりに広がりに乏しいのではないでしょうか？

「いや、そうは言っても、ブラジルにも浄土真宗の寺があるように、アジア以外の各地に既成仏教各派の寺がありますよ」と言う人もいるかもしれません。しかし、それらの寺は世界宗教化のための拠点というより、現地に住む日本人のための寺でしょう。

また、禅宗に帰依《きえ》するドイツ人やフランス人のように、自ら進んで既成仏教の世界に入る欧米人などが、いないわけではありません。しかし、それは個人的な帰依であって、世界宗教としての広がりという次元の話ではないでしょう。

「日本人のための宗教」という枠《わく》を超え、各国社会に溶け込む形で、しかも地球規模で仏教を広めた団体は、創価学会以外にはないのです。

ご存じかもしれませんが、日蓮大聖人は「顕仏未来記」の中で、インドに生まれて東の果ての日本にまで伝わった仏法（＝仏法東漸《とうぜん》）が、末法の時代には日本から「西に還《かえ》る」形で全世界に広まっていくと予言しました。これを「仏法西還《せいかん》」と呼びます。

仏教史上、日蓮大聖人の予言どおりにこの「仏法西還」を成し遂げたのは、池田会長時代に入ってからの創価学会しかありません。そのプロセスは二十一世紀のいまも、まさに進行中です。そして、創価学会が世界宗教になっていくことを、戸田会長も牧口会長も予見し、実現を確信していたわけです。そのことが、世界宗教化を見据えた会憲にも刻みつけられていることに、私は感銘を覚えます。

「二重忠誠問題」と「万人僧侶」体制

会憲の11条ではSGIについて規定されていますが、その中で注目すべき条項として、次の第4項が挙げられます。

〈4．SGIならびに構成団体および会員は、その活動の推進に当たっては、各国・地域の法令を遵守《じゅんしゅ》し、また、随方毘尼《ずいほうびに》の精神を踏まえ、文化および風習を尊重する〉（同）

ここに出てくる「随方毘尼」とは、「仏法の根本の法理に違わないかぎり、各国・各地域の風俗や習慣、時代ごとの風習を尊重し、随うべきであるとした教え」のことです。

たとえば、各国に布教していくときに、御本尊をないがしろにして他宗教の本尊を拝むようなことは、もちろんできません。しかし、各国社会に根付いていく過程で、その国の宗教施設やお祭り、宗教的行事に招待されることは、当然あるわけです。参拝などの宗教行為をしないかぎり、そこに赴き、行事に参加すること自体は「随方毘尼」の範囲内でしょう。そうでなければ、各国社会に溶け込んでいくことはできません。

そして、この条項で重要なのは、「各国・地域の法令を遵守し」という一節です。なぜ重要かといえば、世界宗教化の過程において各国で深刻になるのが、「二重忠誠」の問題であるからです。たとえば、日本から他国に移住して、その国に骨を埋めようという覚悟で頑張っている創価学会メンバーがたくさんいますね。そうした人たちが、仕事などの関係で「いま住んでいる国やそこに暮らす民族に対して忠誠を誓うのか、それとも創価学会に対して忠誠を誓うのか?」と板挟みになる場面が、必ず出てきます。そうしたジレンマを「二重忠誠」問題と呼びます。

そのような場合の問題解決の基準として、「活動の推進に当たっては、各国・地域の法令を遵守し」という一節が定められているのです。つまり、「世俗的な問題に関しては、各国の制度のほうを優先しなさい」という「法令遵守義務」を定めているわけです。ただし、信仰の根幹に関わるような問題で二者択一を迫られた場合には、信仰のほうを優先してよいわけです。この基準さえはっきりしていれば、「どちらを選ぶべきか?」と悩む必要はなくなります。

同じような基準は、カトリック教会も、かつてさんざん苦労した末に定めています。二重忠誠の問題をクリアするこのような基準がきちんと整備されていることも、じつは世界宗教の特徴の一つです。

それから、会憲の第13条には、次のような規定があります。

〈第13条　この会に、儀式行事を執行し、会員を指導し、世界広宣流布を推進する任に当たる模範のリーダーとして、教師および准教師を置く。
2．教師および准教師は、信仰経験、人格、識見、指導力、教学力ともに優れた会員の中から、会長がこれを任命する。
3．教師および准教師の任期その他必要な事項は、本条に定めるもののほか、SGI規約の定めるところによる〉（同）

この規定は、プロテスタント教会にとてもよく似ています。

前にも言いましたが、プロテスタントは「万人祭司説」に立っているため、聖職者が存在しません。牧師は聖職者ではなく、「教職者」と呼ばれるのです。

そして、牧師として働くためにも当然、一定の訓練と経験が不可欠ですから、そのための見習い期間がもうけられています。見習い期間中の〝牧師の卵〟のことを、補教師・伝道師と呼びます。そして、正式に牧師となったら「教師」と呼ばれます。創価学会が会憲で「教師および准教師」という役職を置いているのと、よく似ているでしょう。

創価学会は僧侶という聖職者を必要としない「万人僧侶」の教団ですから、「教師および准教師」は聖職者ではありません。それはまさに、プロテスタントにおける「教職者」のような存在なのでしょう。

一方、カトリックや正教には聖職者がいますが、司祭とは別の准教師的な地位の聖職者として、

「輔祭」もしくは「助祭」という役割の人がいます。

このように、二段構えで教師の制度を作っていくのも、世界宗教の特徴の一つです。創価学会における「教師および准教師」は、おそらくそれらを念頭に置いたものではないでしょうか。

創価学会の平和主義が本物である一つの理由

会憲からもう一つ重要な条項を挙げるとすれば、創価学会の「目的」そのものが定められた第4条でしょう。そこには次のようにあります。

〈第4条　この会は、日蓮大聖人の仏法の本義に基づき、弘教および儀式行事を行ない、会員の信心の深化、確立をはかることにより、各人が人間革命を成就するとともに、日蓮大聖人の仏法を世界に広宣流布し、もってそれを基調とする世界平和の実現および人類文化の向上に貢献することを目的とする〉（同）

人間革命と広宣流布、そして、そのことを通じた「世界平和の実現」――まさに創価学会のいちばん根幹の部分が、この条項に凝縮されています。

私はかねて、「創価学会の平和主義は本物だ」とくり返し書き、またさまざまな機会に語ってきました。

「本物」とは、たんなる理想論として平和主義を掲げているのではなく、現実の中で平和を実現しようと真剣に考えていること、そして実際に、創価学会の存在と行動が、世界平和やアジアの平和、日本の平和に寄与してきたことを指します。

私にはずばり『創価学会と平和主義』（朝日新書）という著書もありますので、くわしくはそちらを読んでいただきたいのですが、ここでは、「創価学会の平和主義はやはり本物だ」と感じた、一つの実体験について話します。

何年か前に、私は北海道石狩市厚田区（旧・厚田村）の「戸田記念墓地公園」（通称・厚田墓苑）に行きました。なぜ行ったかというと、年に一度開催される厚田墓苑の観桜会に合わせて、墓苑内の講堂で講演を行ったからです。

その講演の前に墓苑を案内していただいたのですが、たくさんあるお墓の中に、「原島家」「山崎家」といった名前が彫られた墓があることに気付きました。案内してくれた人に、「これらのお墓は、原島嵩さんや山崎正友さんの家のお墓なんですか?」と聞いたところ、「ええ、そうですよ」という答えでした。いずれも、反逆して創価学会と敵対する立場になった元幹部の人たちです。

「そういう人たちのお墓も、撤去したり隠したりしないで、そのまま置いてあるんですねえ。そういうところが学会は太っ腹ですねえ」と私は言いました。すると相手の人は、「撤去とか隠すとか、考えたこともありませんでした」と、驚いたように言われたのです。

私は、そういうところにも創価学会の平和主義が端的に表れていると思いました。たとえ退転した反逆者の墓であっても、暴力的な手段でそれを排除するようなことは、発想すらしないのです。

もう一つ例を挙げるなら、創価学会と日蓮正宗宗門の闘いが一時期あれほど熾烈《しれつ》を極めたのに、両者の間には暴力による死者が一人も出なかったという事実です。

これは、じつは画期的なことなのです。というのも、日本の政治運動の歴史を振り返ってみれば、新左翼の内ゲバによる死者、右翼の内紛による死者はたくさん出ているからです。

そのように、思想的対立が激化した果てに殺し合いになることは、世の中にはよくあるのです。政治運動に限らず、宗教の世界でも、ヨーロッパのキリスト教の宗教戦争をはじめ、事例は枚挙にいとまがありません。

しかし、創価学会と宗門は、とくに第二次宗門事件後の数年間は激しく対立したにもかかわらず、基本的に言論闘争の枠内に収まっていました。これは、宗教対立の事例としてはきわめて異例です。

そして、宗門との闘いの中で一人の死者も出さなかったことは、ひとえに創価学会の平和主義の力だと思います。というのも、宗門には、法主《ほっす》が所化《しょけ》を殴《なぐ》ったり、僧侶や所化が修行中の小僧を殴ったりする事例も多く、かなり暴力的な体質が見受けられるからです。

しかし創価学会は、そんな暴力的な宗門と対峙《たいじ》しても、彼らの暴力性を無化するような力を発揮したのだと思います。本物の平和主義には、そのように相手を変容させ、暴力性を削《そ》ぐ力があるのです。

第4章

世界宗教は社会とどう向き合うべきか

創価学会と希望の原理

創価大生のみなさんには、「池田大作第三代会長の著作は膨大にあるから、全部を読破せよというのは酷だけれども、勘所《かんどころ》となる重要な著作については、やはり読んでおいてほしい」と、私は思っています。

池田会長には国内外の大学での講演も多いわけですが、その中でみなさんにとって必読なのは、黎明期《れいめいき》の創価大学で行われたいくつかの講演だと思います。

私は少し前に、月刊『潮』で「新時代への創造――『池田大作 大学講演』を読み解く」という連載をしました。これは、池田会長が海外の大学・学術機関で行った一一の講演と、創価大学で行った四つの講演、計一五の講演をくわしく読み解いた内容です。『「池田大作 大学講演」を読み解く』という本にまとまっているので、ぜひ読んでみてください。

同書で取り上げた創価大学での四つの講演が、私が必読だと思う重要講演ということになります。具体的には、一九七三年の「創造的人間たれ」と、「スコラ哲学と現代文明」、七四年の「創造的生命の開花を」、そして八一年の「歴史と人物を考察――迫害と人生」……以上四つの講演になります。そのうち、「スコラ哲学と現代文明」については、第二章で取り上げましたね。

また、「創造的人間たれ」は、池田会長が創価大学で行った初の講演でもあり、その意味でも大変重要です。一九七三年四月九日、創価大学の第三回入学式に際して行われた講演です。

なぜ、第一回入学式ではなく第三回だったのでしょう？　創価大学は、創価学会と密接な関連を持つとはいえ、宗教大学ではなく一般総合大学ですね。だからこそ、第一回、第二回入学式においては、池田会長はご自分が前面に出ることを遠慮されていたのではないでしょうか。それは私の推察ですが……。

この「創造的人間たれ」は、創立者が初めて学生の前で行った講演ということで、創価大学の「建学の精神」をストレートに語った内容になっています。その中で、池田会長は次のように語っています。

〈いうまでもなく、創価大学は、皆さんの大学であります。同時に、それは、社会から隔離された象牙《ぞうげ》の塔《とう》ではなく、新しい歴史を開く、限りない未来性をはらんだ、人類の希望の塔でなくてはならない。ここに立脚して、人類のために、社会の人々のために、無名の庶民の幸福のために、何をすべきか、何をすることが出来るのかという、この一点に対する思索《しさく》、努力だけは、永久に忘れてはならないということを、申し残させていただきます〉

（『創立者の語らいⅠ』創価大学学生自治体、一九九五年、四七頁）

建学の精神というものは、どの大学においても非常に重要です。たとえば、早稲田大学なら、創立当初から「在野精神」というものを掲げてきました。東京大学や京都大学が官僚の養成を一つの使命としているのに対し、早稲田では野にあって活躍する人材を作ろうとしてきたのです。また、慶應義塾大学は、創立者である福沢諭吉の思想を反映して、「独立」や「実学」の精神を重んじてきました。同志社大学の場合、創立者・新島襄が「良心」と「自由」ということを掲げました。それぞれの大学の建学の理念は、現在に至るまで、各大学の特徴と密接に結びついています。

では、創価大学はどうか？　さきほど引用した池田会長の言葉に、創立者の思いと建学の精神がはっきりと示されています。第一に「人類の希望の塔」たれということ。「希望」ということを大きく掲げたわけです。

また、それにつづく〈人類のために、社会の人々のために、無名の庶民の幸福のために、何をすべきか〉という言葉は、創価大学が庶民を睥睨《へいげい》するエリートを作るための大学ではないこと、また、私利私欲の立身出世のための大学ではないことを示しています。池田会長の名高い言葉に、「大学は、大学に行けなかった人たちのためにある」というものがありますが、まさに、経済苦などさまざまな理由で大学に行けなかった無名の庶民のために尽くすことが、創価大生には求められているわけです。

とくに、創立間もない段階で、創立者が「希望」を大きく掲げたことは、創価大学の際立った特徴になっていると思います。

じつはキリスト教においても、「希望」というのは鍵となる重要な概念です。キリスト教における「希望」がどのような性質を持っているか？ それを象徴する『新約聖書』の一節があります。

〈患難《かんなん》は忍耐を生み出し、忍耐は練達を生み出し、練達は希望を生み出す〉

「ローマの信徒への手紙」という文書の一節です。「患難」は聖書独特の用語ですが、一般的な言葉に置き換えれば「苦難」のことです。

この一節に見るように、キリスト教においては、苦難に耐えることと希望がセットになっています。「希望を持つ人は、苦難を克服することができる。また、現実の苦難を耐えることが将来の救いにつながる」という考え方が、キリスト教の希望観の特徴です。

なぜそのように捉《とら》えるかといえば、「イエス・キリストが復活したときにキリスト教徒は救われる」という確信が、キリスト教徒にとって希望の根源になっているからです。

真の神であり真の人でもあるイエスが、かつて一度は地上に降り立った。そのことによって、キリスト教徒の救いはすでに担保されている。だから、いずれ救いは必ず成就する。いまはそのためのプロセスなのだから、どんな苦難があっても嘆く必要はない――そのような考え方が、キリスト教徒にとっての希望なのです。

私は、そのようなキリスト教の希望観は、創価学会のそれとよく似ていると思います。学会員のみなさんは「冬は必ず春となる」という日蓮大聖人の御書の一節を、希望の言葉としてしばしば用いますね。人生の途上でいかなる苦難に遭おうとも、最後には必ず人間革命が成し遂げられ、一生のうちに必ず成仏できる。すなわち、最後は必ず春となる。そのような確信が、学会員にとっての希望の原理になっているわけです。

また、我々キリスト教徒が、キリストの再臨とそれによる救いを確信しているように、創価学会が世界中に広がり、平和で幸せな世界がやってくることを、学会員のみなさんは確信していま す。二つは、いわば「希望の先取りの原理」であるという点で共通しています。

そして、我々にとってイエスが希望の光源であるように、創価学会のみなさんにとっては「苦難に耐えて頑張っているとき、ほかの誰が見ていなくても、池田先生は見守っていてくださる」ということが希望の原理になるわけです。

私は、「創価学会と希望の原理」というのは、学術論文のよいテーマになるのではないかと考えています。

イスラム原理主義テロの内在的論理

これからの学会員は他の世界宗教についてもくわしく学び、その内在的論理を知っておくべきだと第二章で述べました。それに関連して言えば、頻発《ひんぱつ》するイスラム原理主義テロが、どのような内在的論理によって行われているかを学ぶことも、重要な課題になります。

なぜなら、「会憲」を見てもわかるとおり、世界平和を推進することこそ創価学会が世界宗教化を目指す大きな目的なのであり、世界平和への脅威《きょうい》であるテロについても知る必要があるからです。もちろん、テロ勢力と直接対決せよというのではありません。テロを減らすために何ができるかを考え、そのために行動していくことが、創価学会の重要な課題となるのです。

イスラム原理主義の立場からテロ活動を行っているのは、たとえばＩＳ（イスラム国）でありアルカイダですね。穏健なイスラム国家やイスラム教指導者たちは、「ＩＳのようなテロを行う者たちは、まっとうなイスラム教徒ではない。彼らは我々とは関係ない」と主張します。もちろん、ごく一部のイスラム原理主義者がテロを行っているからといって、世界一八億人のイスラム教徒を十把一絡《じっぱひとから》げに危険視することは避けなければなりません。

しかし一方で、なぜイスラム教からばかり宗教テロ勢力が生まれるのかという合理的説明についても、知っておく必要があります。

以下、かんたんにポイントを押さえておきましょう。

イスラム教徒が多数派・主流派の「スンナ派」と少数派の「シーア派」に大別できることは、みなさんも知っているでしょう。

そのスンナ派は、「シャリーア」（イスラム法）の解釈によって、さらに四つの法学派に分かれます。トルコに多い「ハナフィー派」、エジプト、チュニジア、リビアにかけて多い「マーリキー派」、インドネシアとロシアの北コーカサスに多い「シャーフィイー派」、そして、アラビア半島に多い「ハンバリー法学派」の四つです。

このうち、前の三つについてはとくに覚えなくてもよいでしょう。みなさんがしっかり記憶しておくべきなのは、四番目のハンバリー法学派です。というのも、テロをくり返すようなイスラム過激派の大半――だいたい九五％以上は、このハンバリー法学派から生まれているからです。逆に言えば、ほかの三つの法学派は、各国の市民社会とちゃんと融和《ゆうわ》することができる穏健イスラムということになります。

ハンバリー法学派の思想は、イスラム原理主義そのものです。彼らは『コーラン』や『ハディース』に世の中のすべてのことが書かれていると考え、それ以外を法源（正しさの基準）として認めません。そして、「世の中がいちばん正しかったのは預言者ムハンマドが生きていた六世紀のころであり、そこから時代を経るほど悪くなっていく」と考えます。だから、時に暴力を用いてでも、世界を六世紀のころの正しいありように戻そうとするわけです。

そして、このハンバリー法学派の中でもひときわ急進的なグループが「ワッハーブ派」で、サウジアラビアの国教でもあります。

「ワッハーブ派」とは、イブン＝アブドゥル＝ワッハーブという名の宗教指導者が十八世紀半ばに起こしたイスラム教改革運動に従った人々を指す他称です。つまり、彼らが自ら名乗ったものではありません。

ISもアルカイダも、このワッハーブ派から生まれてきた勢力です。ISは、同じイスラム教の他宗派に対しても容赦《ようしゃ》なく攻撃を仕掛けたり、「女性を奴隷《どれい》にしても構わない」などという恐るべき主張をしたりしていますが、それもワッハーブ派の解釈から出てきたものです。

そのように、ハンバリー法学派、とくにワッハーブ派から、現代の国際テロリズムの大きな潮流が生まれているわけです。そのことについて、「本来のイスラム教は平和的な宗教である」などと言ってみても、あまり意味がないと思います。ハンバリー法学派のような原理主義的グループも、イスラム教の一部には違いないのですから。

「九・一一」――アメリカの同時多発テロ事件を起こしたアルカイダの指導者、ウサマ・ビンラディンは、声明を発表するとき、よくアフガニスタンの洞穴の前で話していました。なぜ洞穴の前を選ぶかといえば、預言者ムハンマドがヒラー山（サウジアラビアのメッカ郊外にある山）の洞穴で神の最初の啓示を受けたからです。つまり、声明の発表を撮影する場所の選択にも、彼らの原理主義的な考え方が反映されているわけです。

近年、スンナ派の四つの法学派のうち、最も過激なハンバリー法学派が勢いを増し、増える傾向にあります。その要因の一つは、四つの法学派の相互交流がかなり活発にあることです。

日本の仏教系大学の場合、宗派ごとに分かれていますね。たとえば、佛教大学は浄土宗、大谷大学は浄土真宗大谷派、龍谷大学は浄土真宗西本願寺派、駒澤大学は曹洞宗という具合です。したがって、宗派を超えた交流は、少なくとも大学内ではほとんどありません。

それに対して、イスラムの法学院は宗派ごとに分かれていません。モスクに付属している神学校には必ず四つの学派の先生がいるのです。したがって、学内で四学派の相互往来がかなりあります。

すると、どうなるか？　イスラム世界に何か大きな事件があって動揺した場合、穏健な学派で学んでいた学生が過激なハンバリー法学派に引き寄せられて、全体の原理主義的傾向が強まるのです。

しかも、イスラム教は世界宗教なので世界的ネットワークがあって、過激な思想に染まった者同士が国を超えて結びつきやすい。アルカイダやＩＳが世界的に急伸長した背景には、そのような事情があるわけです。

そういう背景を知ることも、いまの国際社会を生きるうえで大切な知識になります。しかし、私から見ると、欧米の国際政治の最前線にいる人たちですら、イスラム教についての基礎的な知識が乏しいと感じる場面が少なくありません。

たとえば、二〇一一年にウサマ・ビンラディンが、ＣＩＡと米海軍の特殊部隊によって潜伏先を襲撃され、殺害されたときのことをみなさんは覚えていますか？　その舞台裏は、『ゼロ・ダーク・サーティ』というハリウッド映画にもなりましたね。

あのとき米国側は、殺害したビンラディンの遺体を「水葬する」という形で海に投下しました。

米政府はその理由として、「ビンラディンの墓を作ってしまうと、そこがテロリストたちにとっての聖地になってしまうから、避けたかった」と説明しています。

しかし、ビンラディンらが属するハンバリー法学派は、教義解釈上、墓というものに一切価値を認めないし、聖人も認めないのです。したがって、彼らがビンラディンの墓を作ってそこを聖地にするということは、そもそもあり得ません。それは宗教の専門家からすれば基本的な知識なのですが、米政府当局は意外とそういうことを知らないのですね。

アメリカは二〇〇一年九月の同時多発テロからずっと「テロとの戦い」をしてきたというのに、戦っている相手の内在的論理を十分知らなかったのです。

「悪から目をそらす国家」の恐ろしさ

イスラム原理主義のテロリストたちは、そもそもテロを悪いことだとは思っていません。むしろ、イスラム教徒にとっての義務の一つである「ジハード」だと捉えています。

ジハードは日本では一般に「聖戦」と訳されますが、厳密には「神の道のために奮闘・努力すること」を意味する言葉です。つまり、悪いことどころか、「イスラム教徒として努力すべきこと」としてテロを行っている。「ジハードに加われば、天国に行ける。永遠に生きられる」と信じて、自ら望んで自爆テロなどに参加するわけです。

そのように、悪の概念というものは、信ずる宗教や思想によって大きく変わってしまいます。どちらがよい・悪いと一概には言えませんが、イスラム教に比べて、キリスト教は自らの中の悪に敏感です。第二章でも話しましたが、キリスト教は性悪説と親和的な宗教で、それはすべての人が「原罪」を背負って生まれてくると考えるからです。

背負っている原罪が現実の中で具体的な形を取るときに、悪になる。したがって、その悪の種は人間の中につねにあると考えるのです。

厳密に言うと、カトリックでは、キリストを産んだマリアだけは「原罪を背負っていない人間」と捉えます。「マリア非原罪の昇天」と呼ばれる教義で、一九五〇年代に当時のローマ教皇が認定し、教義化したものです。

それはともかく、キリスト教は人間を性悪説で捉えるため、「人間は放っておけば悪をなす存在だから、悪をなさないためのチェック機能を組み込んでおく必要がある」という前提で社会を構築しました。

たとえば、国家権力を司法権と立法権と行政権に分けて分立させるという発想も、その根底にはキリスト教の性悪説があります。国家に対するチェック・メカニズムを作っておかないと、権力者が結託して悪事をなすと考えたからこそ、権力を分けたわけです。

カトリックでは、神父には妻帯が認められていません。それはなぜかというと、元々は「悪をなさないためのチェック機能」の一つだったのです。教会は権力と財産を持っているから、妻帯して子どもがいれば、それを我が子に引き継ぎたいという欲望は、人間として当然出てきます。それを避ける仕組みとして独身制にしたわけです。

中国やオスマン帝国の「宦官《かんがん》」が、去勢《きょせい》されて子どもを作れない体にされたのも、本質的には同じことです。宦官は財力も権力も持っていたけれど、それを我が子に継がせることはできない仕組みになっていたわけです。カトリック教会では、去勢制度はとらなかった代わりに独身制を埋め込んだわけです。

キリスト教とは対照的に、旧ソ連は性善説を前提として組み立てられた国家でした。なぜなら、共産主義という理想の下に作られた国だったからです。

資本主義の国には資本家と労働者がいて、抑圧するもの・されるものの息苦しい関係が満ちている。しかし、ソ連には階級抑圧などの悪がない。まったく平等な理想国家である……そのような前提があったから、実際には悪がはびこっていても、それがないことにされた。つまり、人間の悪から目をそらすことが常態化した国だったのです。

その結果として、ソ連はあのような、秘密警察と収容所列島の国――「反革命分子」と見做《みな》された人々は次々と強制収容所に入れられ、党幹部ばかりが私腹を肥やす国――になってしまった。人間の悪を見据《みす》えない国家体制というのは、恐ろしいものなのです。

共産主義は世界的に見れば退潮著しいですが、それでもみなさんは、共産主義の内在的論理を学んでおく必要があります。というのも、日本においては日本共産党が厳然と存在し、創価学会としばしば対立しているからです。「敵を知る」という意味でも、あの人たちの物の見方・考え方を知っておかないといけない。

「悪を見据えない国家体制」といえば、戦前の日本もそうでした。〝日本は天皇を中心とした神の国だから、そこに悪はない〟……そのような考え方で国家体制を再編して戦争に向かっていったわけです。

だからこそ、中国を侵略し、朝鮮半島を植民地支配しても、自分たちが侵略者だという意識を持たなかったし、悪を行っているという意識もなかった。むしろ、「欧米列強に支配されている植民地を我々が解放するのだ」と、そういう傲慢《ごうまん》な意識のもとで侵略が行われたわけです。

悪を見据えない国家体制が暴走すると、そのような怖いことが起きる。しかも、それが宗教と結びつく――戦前の日本の場合は国家神道《しんとう》――から、なおさら暴走するのです。そうした戦時体制の中にあって、国家悪というものを正面から見据えたのが、牧口常三郎初代会長であり戸田城聖第二代会長でした。

旧ソ連にしても、トインビーが共産主義を一種の宗教と捉えたように、ある意味で宗教国家だったのです。「宗教と悪」は、みなさんにとっても非常に重要な、これからじっくり考えていくに値するテーマだと思います。

世界宗教は政治と切り離せない

宗教が国家と結びついて暴走した果てに国が一度滅んだのが、戦前・戦中の日本でした。そして戦後、ＧＨＱ（連合国軍最高司令官総司令部）は日本の国家神道体制を解体し、日本に「信教の自由」をもたらします。

そういう経験があるので、戦後の日本人には「宗教と政治が結びつくこと」に対する強いアレルギー反応のようなものがあります。「宗教団体のくせに政治活動をする創価学会はうさん臭い。宗教は政治に口を出すな」という偏見が根強くあるのも、一つにはそのためでしょう。

くわえて、仏教が幕府の権力機構に組み込まれた江戸時代の「檀家《だんか》制度」に象徴されるように、日本では歴史上、一部の例外を除けば、宗教は時の政治権力に隷属《れいぞく》する存在でした。仏教者が国家権力の手先になって、鎮護《ちんご》国家のための祈禱《きとう》をしたりするありようが、むしろスタンダードだったのです。

そういう長年の積み重ねがあるため、価値観を共有する独自政党を持つ創価学会は日本では異彩を放つ存在で、色眼鏡で見られやすいわけです。

憲法の政教分離原則に対する誤解が根強くあるのも、そうした背景があるからこそです。誤解とは何か？　そもそも、憲法に定められた政教分離は国家が〝主語〟です。国家が特定の宗教を優遇したり忌避《きひ》したりすることを禁止する原則であって、宗教団体が自らの価値観に基づいて特定の政党や政治家を支持することを禁ずるものではありません。ところが日本では、それを「宗教団体の政治活動を禁ずる原則」だと誤解している人が少なくないのです。

また、「宗教団体の政治活動自体は禁じられていないが、宗教政党が与党になると政教分離原則に反することになる。だから、公明党が与党になることは憲法違反だ」と考えている人も、いまだにたくさんいます。

公明党が初めて与党になったのは一九九三年の細川（護熙）連立政権に参画したときですが、そのときには「公明党の与党入りは憲法違反だ！」とする批判が一部で巻き起こりました。その批判は、国会で内閣法制局長官が「公明党の政権入りは憲法違反に当たらない」という主旨の答弁をして収束に向かったのですが、いまだに同種の的外れな批判はネット上などで多数見受けられます。しかし、ドイツでは宗教政党である「キリスト教民主同盟（CDU）」が長年与党の座にありますし、そのことが「政教分離原則に反している」などとも言われません。要は、政教分離の曲解に基づく批判でしかないのです。

もっとも、「宗教は政治に口を出すな」という類の批判は、日本にだけあるわけではありません。たとえば、アメリカで公民権運動が盛り上がった時期に、運動をリードしたのは牧師であったマーティン・ルーサー・キングですが、キングは一部のキリスト教聖職者などから批判を浴びました。

「宗教者は人々の魂を救うことに専心すべきであって、世俗的な政治運動になど関わるべきではない」という批判です。要するに、世の中には「宗教者は政治に関わるべきではない」という考えを持った人が、一定数いるということです。

私自身は、もちろんそんなふうには考えません。むしろ、宗教者が政治に関わるのは当然だと考えています。

私は、宗教というものは二つに大別できると考えています。一つは「その人の人生のごく一部分でしかない宗教」で、もう一つは「その人の人生の根幹になっている宗教」です。

前者はたとえば、何か悩み事があるときだけお布施《ふせ》を持って行って拝んでもらうとか、年に一度の初詣のときだけお祈りをするとか、「必要なときだけ接する」形の宗教ですね。

一方、後者の「その人の人生の根幹になっている宗教」の場合、日常生活のすべて、人生のすべてが、その宗教の思想・哲学によって規定されます。したがって、人生から政治の領域だけを除外するわけにはいかないので、そういう宗教の場合、信徒は何らかの形で政治にも関与することになります。

いうまでもなく、創価学会は後者の宗教です。熱心な会員の方にとっては、人生すべてが創価の哲学に根ざしたものになります。その意味で、公明党を通じた政治参加をすることは、学会員にとってごく自然なことなのです。

そして、世界宗教というものは、例外なく「その人の人生の根幹になっている宗教」です。なぜなら、「人生のごく一部分でしかない宗教」には、そもそも世界宗教になるほどのパワーがないからです。

第一章で私は、世界宗教の三大条件の一つとして「与党化」を挙げました。世界宗教は必然的に「その人の人生の根幹になっている宗教」であるからこそ、人生の欠くべからざる一部である政治への関与も必然となります。とくに、政党の中でも社会を変える力が強い与党と結びついて政治に関わることが、世界宗教にとっては自然な流れとなるのです。

社会を変える力となってこそ宗教

「宗教は政治に口を出すべきではない」と考える人には、宗教という領域を現実の生活から切り離して、「聖なるもの」として捉えている人が多いのだと思います。その人にとって宗教は「聖なるもの」で、逆に政治は「俗なるもの」——だから両者は相容《あいい》れないと考えるのでしょう。

しかし、創価学会の人たちはそのようには考えないのです。なぜなら、創価学会は徹底して「此岸《しがん》（この世）性」を重視する宗教であり、「目の前の現実や社会をよい方向に変える力となってこそ、真の宗教である」と考えるからです。

逆に、「宗教は政治に口を出すべきではない」と考える人にとっては、宗教とは「彼岸《ひがん》（あの世）性」に傾いたものです。現実とは切り離されたところで「心の救い・やすらぎ」を得ることが宗教の役割だ――そう考えているのでしょう。そこには、宗教観の決定的な違いがあります。

よく、創価学会のことを「ご利益宗教」などと呼び、「現世利益ばかり追求している宗教は低級である」などと見下し、公明党が与党でありつづけようとする理由を、創価学会における「現世利益」を叶えることにある、といった意見を目にします。

創価学会はけっして「現世利益」ばかりを追求しているわけではありませんが、現世利益――すなわち宗教が現実を変える力となることを重視しているのはたしかです。しかし、そのことの何が悪いのでしょうか？　現実を変える力にならない、内面的なやすらぎしかもたらさない宗教のほうが、宗教としての力に乏しいのではないでしょうか。さらに言えば、公明党が与党でありつづけようとするのは、創価学会員を利するためといった偏頗《へんぱ》な考えなどではなく、日本の平和と民衆の幸福のために、与党の一角として影響力を行使するためだと、私は見ています。

宗教者として、「アメリカ史上、奴隷解放以来最大の社会改革」と呼ばれた公民権運動をリードしたマーティン・ルーサー・キングも、インドの英国からの独立を成し遂げたマハトマ・ガンディーも、同じように考えていたはずです。「現実を変え、社会を変える力となってこそ真の宗教だ」と……。

政治に一切タッチしない宗教と、創価学会のように積極的に政治に関わる宗教――二つを比べると、一見、前者のほうが高尚で清らかに見え、後者のほうが世俗的で汚れているように見えるのでしょう。しかし実際には、政治に関わらず宗教活動だけしているほうが、はるかに楽なのです。現実の外側に身を置いて、きれいごとだけ言っていればいいのですから。

権力の中枢《ちゅうすう》に入るという選択をした公明党を支援するという、創価学会の選んだ道のほうが、はるかに険しい茨《いばら》の道です。それは、政治の現実という泥にまみれ、悪戦苦闘しながら社会を改善していこうとする道なのですから。

とくに、現在のように核戦争やテロの脅威が身近に迫る国際情勢の中では、自民党と官僚だけにこの国の舵取《かじと》りをまかせておくことは危ういのです。平和を維持するためにも、与党の一角に公明党が身を置き、影響力を行使することが必要になります。そう考えたからこそ、公明党は「与党化」したのです。そしてそれは、創価学会の世界宗教化の流れの中で必然的に起きてきたことです。

世界宗教の「与党化」は必然ですが、それは言い換えれば、「世界宗教とは、政治の現実の泥にまみれるなかで、自分たちの価値観を実現しようとする困難な道を選ぶ宗教のことだ」ということなのです。

以上のような考え方は、「宗教は政治に口を出すべきではない」と考える人が多い日本に身を置いていると、ピンとこないかもしれません。しかし逆に、欧米のキリスト教徒たちにはすんなり理解されると思います。なぜなら、キリスト教には「インカネーション（incarnation）」——日本語に訳すと「受肉」という根本的な教理があるからです。

「インカネーション」とは、「神の子であるイエス・キリストが人間の姿を取って地上に現れ、人々を救った」ことを指します。神の子が生身の肉体をまとったから「受肉」なのです。同じ一神教でも、ユダヤ教やイスラム教の場合、インカネーションに当たる考え方はありません。二つの宗教の場合、神はあくまでも神のままなのです。神が人を救うために人間の姿となり、地上の悲惨な現実の真っ只中に降り立つという考え方は、キリスト教独特のものです。

つまり、「宗教とは、現実の中で泥まみれになって人々を救うものだ」というベクトルが、キリスト教には非常に強いのです。そしてそれは、創価学会の宗教認識とぴったり重なるものです。だからこそ、キリスト教徒には創価学会の政治活動に対する偏見も少ないと思います。

以上のように考えていくと、世界一九二カ国・地域に広がったＳＧＩにおいても、何かしらの形で政治参加が進んだとしても、特異なこととは私は思いません。

いまは、公明党のような自前の政党があるのは日本だけで、各国ＳＧＩは目立った選挙活動などはしていません。しかし、たとえば韓国ＳＧＩは、すでに現在でも「韓国人の五〇人に一人はＳＧＩメンバー」と言われるほどの勢力になっていますから、客観的に見て韓国大統領選などにおいて無視できない存在になっているでしょう。

ただし、会憲に「その活動の推進に当たっては、各国・地域の法令を遵守《じゅんしゅ》し、また、随方毘尼《ずいほうびに》の精神を踏まえ、文化および風習を尊重する」との条項があるとおり、各国社会と調和を図りながら活動するという方針がありますから、その流れはすごく緩やかに進むと思います。世界宗教化とはそういうことなのです。

フランスの「特殊な政教分離」について

さきほどの政教分離の話に一つ付け加えると、フランスだけは事情が異なるということはきちんと押さえておく必要があります。

フランスは、宗教団体が政治に関与すること自体を禁止するという、世界的に見れば特殊な政教分離の考え方に立っています。それは「ライシテ」と呼ばれるもので、国家や公立学校を脱宗教化して、私的領域における宗教の自由を保障するという「政教分離法」が制定されているのです。

かつてフランスで、移民のイスラム系女生徒が「ヒジャブ」（ムスリム女性が頭を覆《おお》うスカーフ）を着けて登校したら、教師によって教室に入ることを拒否されたという事件がありました。これも、その政教分離法があるためです。

要するに、フランスという国では〝無神論という宗教が国教になっている〟のです。だからこそ、それ以外の宗教は拒絶するわけです。それは、フランスの政教分離が教会権力との長い闘いの末に勝ち取ったものだという歴史的要因によります。世界的に見てもきわめて特殊な状況であって、フランス流の極端に厳格な政教分離を、普遍的なものだと考えてはいけません。

創価学会に批判的な人たちが、その批判の根拠としてしばしば挙げるのが、「フランスの国会では創価学会がカルト認定された」ということです。これは、一九八三年に当時のピエール・モロワ首相の命を受け、アラン・ヴィヴィアンというフランス下院議員が作成した報告書のことを指しています。フランスで活動する「セクト」的宗教団体についてまとめた内容でした。「セクト」は原義的には「宗派」という意味のフランス語ですが、いまでは英語でいう「カルト」――「反社会的な宗教団体」を意味する言葉になっています。

この報告書の中に、ほかの多くの宗教団体とともに創価学会もリストアップされていました。それ以来、フランスのメディアでも創価学会を中傷する記事が出るようになったのです。

ただし、報告書の創価学会についての記述は、現地の学会組織を脱会した一人の人物の言葉を鵜呑《うの》みにしたものでした。その人物が脱会後、現地組織に送りつけた悪意と捏造に満ちた書簡を、報告書は慎重な調査もせず掲載していたのです。そのことは、報告書を根拠として創価学会の中傷記事を載せた週刊誌が裁かれた裁判で明らかになりました。

いわゆる「カルト認定」には、そうした背景がありました。また、その後フランスではSGIに対する見方が肯定的な方向に変わっています。

たとえば、『ル・モンド』関連の月刊誌『Le Monde DES RELIGIONS』(ル・モンド・デ・レリジョン＝宗教の世界)は、二〇一一年九／十月合併号でフランスの学会組織「フランス創価運動体」についてのルポルタージュ記事を掲載しました。

フランス政府では、セクト対策のために関係省庁を横断する首相直属の「ミビリュード」という組織がもうけられています。このミビリュードの会長の次のような言葉が、記事中に紹介されていました。

〈ここ五年以上にわたり、創価学会に関して、我々はセクト逸脱行為の通報を一切受けていない。運動体は礼拝、文化、商業活動を区別し、フランスにおいてはまったく問題を提起しない〉

このように、フランスにおいても創価学会は着実に社会に根を張りつつあるのです。

これからその分野の友人と対話することになったとき、「世界宗教とか偉そうに言っても、創価学会はフランスでカルト認定されているじゃないか」という批判を投げつけられることもあるかと思います。

その場合、フランスの特殊な政教分離事情や、かつての「カルト認定」の背景、その後の創価学会認識の変化について、きちんと説明してあげるとよいと思います。

キリスト教の失敗をくり返さないこと

創価学会がこれから世界宗教化を本格化させていくにあたって、先行して世界宗教になったキリスト教とイスラム教がどんな道筋をたどったかをくわしく知ることは、大変重要です。
「同じ轍《てつ》を踏まない」とか、「前車の轍を踏む」という慣用句がありますね。この「轍」という言葉は「通り過ぎた車輪の跡」を意味します。「先行して進む馬車の車輪の跡をたどって進むのはいいけれど、前の馬車が転倒事故を起こしていた場合、その轍をたどって進んだら、同じように転倒してしまうよ」という教訓なのです。

創価学会には、世界宗教化を推進するにあたって、キリスト教やイスラム教という、大幅に先行するお手本があります。そのお手本の見習うべき点は見習い、失敗や間違いについては「同じ轍を踏まない」ことが肝要です。

キリスト教が世界宗教化の途上でどのような間違いを犯してきたか、また、イスラム教がどのような問題点を抱えているか、それをくわしく学んで、創価学会の世界宗教化に活かしていくこと――これは、最後発の世界宗教である創価学会にのみ許された特権でもあります。

とくに、私は一人のキリスト教徒として、キリスト教と同じ失敗を創価学会にくり返してほしくないと、切実に思います。

では、キリスト教が犯した失敗とは何か？　その最たるものとして、キリスト教が第一次世界大戦に加担してしまったことを挙げたいと思います。世界が第一次大戦へと突き進んでいった時期、キリスト教はその歯止めになることができず、むしろ一部のキリスト教徒は戦争を推し進める側に立ってしまったのです。

「加担」というより、ある意味ではキリスト教が陥《おちい》った「理性への過信」が第一次世界大戦の遠因となったといってもよいのです。それはどういうことか？　順を追って説明しましょう。

ここで話は、第一次世界大戦よりはるか昔の、ガリレオ・ガリレイやコペルニクスの時代にまで遡《さかのぼ》ります。

ガリレオやコペルニクスが唱えた「地動説」は、神学の世界にも大きな衝撃を与えました。地球が球体で、自転しているということになると、「天上にいる神」という概念が維持できなくなってしまうからです。たとえば、日本から見た「上」は、ブラジルから見たら「下」になるわけで、上とか下という概念自体がナンセンスになってしまうわけです。

当初、カトリック教会は「ガリレオやコペルニクスは間違っている。地球は平らだ」と強弁していたわけですが、やがてケプラーやニュートンが登場し、地動説の正しさが証明されると、神学界は「天上」に代わる神の居場所を探し始めました。

そして、十八世紀から十九世紀にかけて、プロテスタントの「自由主義神学」と呼ばれる立場の神学者たちは、理性と矛盾《むじゅん》しない形での「神様の居場所」を見出します。それは人間の心の中でした。

心は、体の中のどこにあるでしょう？　脳の中か、それとも心臓のあたりか？　その場所を図示することはできませんが、それでも人間の中に心は確実にあります。もっとも、近年の脳科学者には「心はない」という主張の人も多く、それを「心脳問題」と呼ぶのですが、ここではとりあえず措《お》きます。

ともあれ、天上に代わる神の居場所として、フリードリヒ・シュライエルマッハーらの神学者は心を選びました。「神は心の中にいる」ということなら、地動説と矛盾しないからです。

しかし、そのことによって新たな問題が生じてきます。それは、人間の心の作用と神の作用が区別できなくなってしまったということです。「啓蒙《けいもう》主義の時代」の副作用として「理性への過信」が生まれ、創価学会の教学用語でいうところの「増上慢《ぞうじょうまん》」が人間の中に芽生えてきます。するとと、自分が考えていることと神の意志を混同するようになってしまった。つまり、人間が自分を神の位置に置くようになってしまったのです。

そのような、自らの「理性への過信」が、のちの時代に第一次世界大戦を引き起こす遠因になっていくのです。

「理性への過信」がもたらした大量殺戮の時代

シュライエルマッハーやアルブレヒト・リッチュルといった自由主義神学の先駆者たちを受け継いだのが、アドルフ・フォン・ハルナックというドイツの自由主義神学者でした。ハルナックは、当時「ヨーロッパ最大の知識人」とも目された人物です。

しかし、そのハルナックが、第一次世界大戦勃発《ぼっぱつ》に際して、ドイツ皇帝ヴィルヘルム二世による参戦メッセージの起草に関わり、戦争を肯定《こうてい》する知識人九三人が署名した「知識人宣言」に署名したのです。

ヨーロッパきっての大物神学者が、戦争を肯定してしまった。しかも、そのとき署名した九三人の中には、ハルナックに同調した神学者たちもいたのです。キリスト教の歴史に汚点を残す痛《つう》恨事《こんじ》と言えるでしょう。

なぜそのようなことが起きたのか？　私はその根底に、キリスト教神学者たちが「理性への過信」に陥っていたことがあると思います。理性の光で世を照らし、科学技術を発展させていけば、人類は幸せになれる――そんな過信が、第一次世界大戦という未曾有《みぞう》の悲劇に対する見方を誤らせたのです。

しかし、人類を幸せにするはずだった科学技術が、大量殺戮《さつりく》兵器の発達を生んでしまいました。ハルナックらはあまりに楽観的過ぎたし、その根底には人間が自分を神の位置に置くようになってしまった「増上慢」があったのです。

一般に、第一次世界大戦が起こったきっかけは、オーストリア＝ハンガリー帝国の皇太子夫妻がサラエボでセルビアの民族主義の青年たちに殺されたこと（「サラエボ事件」）だと言われています。しかし、じつは歴史家の間では、「第一次世界大戦が起きた原因は、よくわからない」というのが通説なのです。なぜなら、サラエボ事件もその後に起きたことも、本来なら世界大戦の原因になるほどの出来事ではなかったからです。

オーストリア＝ハンガリー帝国と弱小国セルビアでは、まともな戦争になるはずもありません。暗殺者を出した側のセルビアが謝罪して、それで終わりになるはずでした。ところが、セルビアはロシアと同盟し、ロシアはフランスと同盟し、オーストリア＝ハンガリー帝国はドイツと同盟していたので、話が大きくなってしまったのです。

それでもまだ、同盟国同士の話し合いで問題が解決するはずだと、多くの人が思っていました。ところが、一度戦争が勃発してしまったら、同盟関係が逆に戦争拡大の理由になってしまいました。そして、最終的には四年以上の長い世界大戦になり、戦闘員九〇〇万人以上と非戦闘員七〇〇万人以上が死亡するという、人類史上未曾有の悲劇に発展してしまったのです。

そのプロセスでキリスト教徒たちは戦争の歯止めになるべきだったのに、逆に、さきほど言ったような戦争の後押し行為に走ってしまった。間接的には、キリスト教文明圏を覆っていた「理性への過信」の空気が戦争を引き起こしたという意味で、「キリスト教が第一次世界大戦を起こした」と言うことすら可能なのです。

しかも、第一次世界大戦と、その後の第二次世界大戦には連続性があります。

イギリスの歴史家エリック・ホブズボームは、「長い十九世紀」と「短い二十世紀」という独自の歴史概念を提唱しました。

彼はフランス革命から第一次世界大戦勃発前まで（一七八九〜一九一四年）を「長い十九世紀」

と捉え、第一次世界大戦勃発からソ連邦崩壊まで（一九一四〜九一年）を「短い二十世紀」と捉えたのです。そして、第一次世界大戦と第二次世界大戦は、「二十世紀の三一年戦争」と考えるべきだとして、その連続性を主張したのです。

歴史に「イフ」はありませんが、かりに第一次世界大戦が起きなかったら、第二次世界大戦も起きなかったかもしれません。そう考えれば、キリスト教が世界にもたらした「理性への過信」こそが、二十世紀を「戦争の世紀」にしてしまった遠因とも言えるのです。

第一次世界大戦勃発時、ハルナックらの神学者が戦争を支持する声明を出したとき、そのことに衝撃《しょうげき》を受け、「これで、これまでの神学はすべてダメになった。新しい神学を一から構築し直さないといけない」と考えた神学者がいました。当時はまだスイスのザーフェンヴィルという田舎の村で牧師をやっていたカール・バルトです。

「もう一度、聖書そのものに立ち還《かえ》ろう」と決意したバルトは、一九一九年、ギリシャ語聖書を翻訳して独自の解説を付した『ローマ書』という著作を発表します。これが、バルトを祖とした「新正統主義」と呼ばれる神学の潮流の始まりでした。

バルトは、一部の神学者が人間の理性を過信し、科学技術を過信した結果、生まれてきたものが毒ガスや戦車、軍用機であり、大量殺戮の悲劇が起きたことを重く見ました。理性は戦争を止める力になり得なかった――そう考えたのです。それは、キリスト教が犯した大きな失敗を認め、本来あるべき神学に軌道修正しようとする潮流の始まりでした。

人権思想の根底にあるもの

ガリレオやコペルニクスが唱えた「地動説」によって神学の世界が大きく揺れ動いたという話をしましたが、そのことがもたらしたもう一つの大きな変化について考えてみましょう。それは、じつは人権思想の始まりです。

中世までのキリスト教世界の考え方は、「理想的な状態は天上の世界――神の国にある」というものでした。原罪を背負った人間たちで成り立っている地上の世界は、悪に満ちた汚れた世界であって、差別や暴力、疫病《えきびょう》などが蔓延《まんえん》していてあたりまえ……そんな感覚だったのです。したがって当時の人々は、この世の終わりを切実に待望して生きていました。「早くこの世の終わりがやってきて、みんなで神の国に入れたらいいのに」と……。そんな考え方が主流の中世には、人権思想など生まれる余地はなかったのです。

ところが、地動説が正しいとわかって「天上の世界などない。神はそこにいない」とわかると、そのことによって、「これまで神様の権利だと思われていたものが、じつは人間の権利だったのだ」ということになった。その転換が、のちに人権思想を生み出したのです。

つまり、人権思想というものは、欧米において神が失われるプロセスの中で、神が持っていた権利が人間の手に引き下ろされた結果生まれてきたものなのです。したがって、人権の対義語は「神権」になります。

日本の保守派の人たちはしばしば、「天賦人権説《てんぷじんけんせつ》は日本の国柄に合わない」ということを主張しますが、その主張はある意味で正しいのです。人権とは神権が変化して生まれたものである以上、もともと神権が存在しなかった日本においては、人権思想の本質が実感として理解しにくい。日本人にとって人権思想は、近代化によって西欧文明がどっと輸入されたとき、一緒に入ってきたパーツの一つであるからです。

神権思想がなかった日本とは逆に、神権思想がいまでもあまりに強すぎるがゆえに、人権思想が十分に根付かない世界があります。それがイスラム世界です。

いわゆる「アラブの春」については、みなさんもご存じでしょう。二〇一一年から盛り上がった、アラブ世界の民主化運動のことです。「アラブの春」は「ジャスミン革命」とも呼ばれましたが、それはジャスミンが「国花」であるチュニジアから民主化運動が始まったためです。

運動が起きるきっかけとなったのは、二〇一〇年にチュニジアの地方都市で起きた、一人の青年の焼身自殺でした。屋台で野菜や果物を売っていたその青年は、地域を担当する警察官に賄賂を贈らなかったため、難癖《なんくせ》をつけられて警官に屋台を没収されてしまいます。そのことに抗議したものの相手にされず、青年は市役所前の広場で焼身自殺を遂げたのです。

その様子を撮影した動画がＳＮＳ（ソーシャル・ネットワーキング・サービス）にアップされ、アラブ世界に広く拡散すると、若者たちや知識人を中心に衝撃が広がっていきました。

イスラム教では、焼身自殺はご法度《はっと》です。自殺そのものが禁じられているうえ、焼身自殺して復活するための肉体を失ってしまえば、「最後の審判」に際して天国に行く権利も失ってしまうからです。つまり青年は、「それでもいい」と思うほど深く絶望して焼身自殺を遂げたわけです。

腐敗《ふはい》した警察の横暴への怒りは、やがて政権そのものへの怒りに転じ、チュニジア各地で反政府行動が盛んになっていきました。それは独裁者ベンアリ大統領の退陣に結びつき、民主化運動は隣国エジプトやリビアなどにも広がっていったのです。

しかし、エジプトで長期独裁政権を敷いていたムバラク大統領が失脚したあと、民主的な選挙によって選ばれたムハンマド・ムルシー大統領は、皮肉にも民主化とは正反対の、古い「イスラム主義」による統治を目指すリーダーでした。「シャリーア（イスラム法）によって支配されるカリフ（ムハンマドの後継者）帝国を作ろう」としていたのです。

その後、軍が事実上のクーデターを起こし、いまのシーシ政権に変わるなど、混乱がつづいています。いずれにせよ、「アラブの春」は失敗に終わり、民主化とはほど遠い状況になっているのが、いまのエジプトの状況なのです。

そうなると、アラブ・中東世界に疎《うと》い日本人としては、「何がなんだかさっぱりわからない」と途方に暮れた気持ちになりそうです。しかし、「人権と神権」という補助線を入れて考えれば、事の次第がよく理解できます。

要するに、エジプトはまだ神権思想のほうが支配的で、一般民衆の間には人権思想が根付いていないのです。そのため、民主的な手続きによって選ばれた政権が神権を主張し、人権を否定する制度を作り、民主化の動きがつぶされるという、じつに皮肉なパラドックスが起きてしまったわけです。

よい・悪いは別として、二十一世紀のいまでも人権より神権が優先される国があるということです。しかもそれが、世界宗教の一つであるイスラム教の世界においては、まだまだ根強い。そのことを、みなさんはよく理解しておかないといけません。

高性能兵器のトリクルダウン

キリスト教文明の「理性への過信」が第一次世界大戦を生み、大量殺戮兵器の進歩を後押ししてしまったという話をしました。

兵器の進歩は、いまもなおつづいています。その中で恐ろしいのは、高性能兵器のトリクルダウンです。

「トリクルダウン」とは「したたり落ちる」という意味で、通常は「富裕層や大企業が富めば、やがて貧困層にも富がしたたり落ちる」という、経済面での「トリクルダウン仮説」の意味でよく用いられます。しかしここでは、大国が高性能兵器を開発すると、それがやがて貧しい国やテロ組織、一般人にまで拡散していくという意味で「トリクルダウン」と言っています。

例を挙げましょう。二〇一七年十月に米ラスベガスで起きた銃乱射事件では、犯人がホテルの三二階の部屋から大通りの音楽フェスティバル会場に向けて、数千発もの弾丸を乱射し、五八人が亡くなり、五四六人が負傷しました。単独犯による銃乱射としては、アメリカ史上最悪の事件でした。

地上三二階もの高さから銃を乱射して、しかもわずかな時間に数千発を発砲して五八人を死に至らしめる……そんな恐ろしいことが可能だった背景には、銃テクノロジーの急速な進歩があります。その進歩をもたらしたのは、「九・一一」以降の米軍のアフガニスタンでのテロとの戦いでしょう。

アフガニスタンの山岳地帯で米軍兵士が敵と戦うには、相手の銃弾が届かない距離で仕留められるようにすることが求められます。そういう切実な必要性があったため、アメリカの軍産複合体の持てる力を結集して、急ピッチで高性能の銃が開発されたのでしょう。

そして、アメリカでは銃が自由化されていますから、開発された最先端の銃は、一定の時間を経て民間にも降りてくるのです。まさに「高性能兵器のトリクルダウン」です。だからこそ、一個人であったラスベガス銃乱射事件の犯人にも、あれほどの殺傷能力を持った銃が手に入れられたわけです。

そして、このような「高性能兵器のトリクルダウン」が、あらゆる兵器、あらゆる国に対して起きる可能性があります。もちろん、その中に核兵器が含まれる危険性もあります。

創価学会は一貫して核兵器廃絶を目指し、核兵器の脅威を世に訴える啓蒙的な展示活動などもつづけてきました。そのことの意義は、これからの時代においていっそう光彩を放つでしょう。核拡散の問題が深刻さを増すなか、核兵器廃絶は人類が生き残るために死活的に重要な課題になっているのです。

そして、世界宗教にはその課題にコミットしていく責任があります。みなさんは、核兵器拡散はもとより、あらゆる「高性能兵器のトリクルダウン」に注意を払ってください。

第5章

世界宗教にとっての「普遍化」とは

「中間団体」としての創価学会の重要性

フランスの啓蒙《けいもう》思想家モンテスキューの、『法の精神』という政治哲学の古典的名著があります。タイトルだけがよく知られていて、実際に読んだ人はごく少ないという本の典型です。

岩波文庫版では上・中・下の全三巻に及び、しかもそれぞれが五〇〇ページ前後と分厚いので、読むためのハードルはなかなか高いです。しかしこの本は、創価学会について理解するためにも重要な内容なので、みなさんにもぜひ一度読んでほしいと思います。

『法の精神』は、権力を立法権・司法権・行政権の三つに分けた「三権分立」を定式化した本として、よく知られています。全六部構成のこの本の中で、みなさんにとっていちばん重要なのは第三部です。なぜなら、この第三部でモンテスキューは「中間団体（中間集団）」の役割の大切さを論じているからです。

「中間団体」というのは、国家と個人の中間に位置するという意味でこう名付けられました。国家の一機関でもなければ、私的利益を追求しているわけでもない、公共性を持った団体――それを「中間団体」と呼ぶのです。

この言葉が生まれたヨーロッパの中世社会でいえば、地域の教会やギルド（職能集団＝職業別組合）などが中間団体に当たります。現代社会でいえば、宗教団体や各種ＮＰＯ（非営利団体）、労働組合などがこれに当たるでしょう。もちろん、創価学会も中間団体の一つです。

モンテスキューが三権分立を主張したのは、権力が三つに分かれて相互に牽制《けんせい》し合うことで、国家権力の横暴を抑制することができると考えたためです。しかし彼は、権力の分立だけでは不十分だと考えていました。

国家権力の暴走に歯止めをかけ、健全な民主主義を担保するためには、中間団体がたくさんあって、それぞれの中間団体が力をつけて活発に活動することが不可欠である……というのがモンテスキューの主張なのです。

「権力は腐敗《ふはい》する、絶対的権力は絶対的に腐敗する」という、英国の歴史家ジョン・アクトンの言葉があるとおり、国家権力は放っておけば必ず暴走します。一方、私的な利益を追求する大企業などばかりが力を持ってしまうと、それもやはり〝権力の代替物〟になってしまいます。

だからこそ、両者の中間にあって公共性を持った活動をしている中間団体が、元気でないといけない。それだけが、国家権力の横暴を抑制する唯一の現実的手段なのです。そのことをモンテスキューは『法の精神』で強調しています。

また、フランスの政治思想家アレクシ・ド・トクヴィルが、若き日に一八三〇年代のアメリカを視察して書いた『アメリカのデモクラシー』という古典的名著があります。

同書の中でトクヴィルは、「ほかの多くの場所では失敗している共和制の議会制民主主義が、なぜアメリカではうまくいっているのか?」という問いを立てました。そしてその答えとして、アメリカでは中間団体が各地域で発達して活発に活動しており、そのことがアメリカの民主主義を安定した強固なものにしている、と分析したのです。

トクヴィルは、モンテスキューから強い影響を受けた人物でもあります。中間団体の重視もモンテスキュー譲りなのです。

ただし、トクヴィルはアメリカの市民社会で発達した中間団体を、ギルドなどの伝統的共同体と区別するために「アソシエーション」と呼びました。アソシエーションとは、「共通の目的や関心を持つ人々が、自発的に作る集団や組織」を意味します。創価学会はまさに、トクヴィルの言うアソシエーションの一つです。

さまざまな企業も、本来は中間団体/アソシエーションなのです。しかし、現在の企業は私的利益の追求という要素のほうが強くなり、中間団体的な役割が薄れてきています。

同様に、政党にも本来は中間団体的な性質があります。というのも、政党のことを英語で「パーティ(party)」と言うように、政党というものは本来、全体の代表ではなく部分(part)の代表であるからです。つまり、「共通の目的や関心を持つ人々が、自発的に作る集団」が政党なのです。

しかし、昨今では政党の中間団体的性質が薄れてきて、所属政治家たちの私的利益の追求という側面が強まってきているように見えます。それが政治の混乱の根本原因の一つではないかと、私は考えています。

そうした中にあって、創価学会は中間団体／アソシエーションとしての性質を、一貫して強く持っています。その意味で、全国津々浦々に広がる創価学会の組織が、国家権力の横暴を抑制し、日本の民主主義を安定した強いものにしていると言えるでしょう。

……と、そのように、創価学会が民主主義社会に果たす根源的役割を考察するうえでも、モンテスキューの『法の精神』やトクヴィルの『アメリカのデモクラシー』は、みなさんも一度は読んでおくべき名著だと思います。

映画『八甲田山』に秘められた民衆観

さて、前回の講座で、私はみなさんに映画『八甲田山』を観ておくようにという「宿題」を出しました。みなさん観てきてくれたと思いますので、そのことを前提に話を進めます。

大学で講義をするとき、受講生に一つの映画を観てもらう形の講義を、私はたまに行います。たとえば、同志社大学神学部での講義で、マーティン・スコセッシ監督が遠藤周作の小説を映画化した『沈黙―サイレンス―』（二〇一六年）を観て、感想を述べ合ってもらったことがあります。

映画『八甲田山』は、新田次郎の小説『八甲田山死の彷徨』の映画化で、一九七七年に作られています。橋本プロダクション・東宝映画・シナノ企画の共同製作です。橋本プロダクションというのは、この映画の脚本を書いた橋本忍さん（黒澤明との共同作業などで知られた、日本を代表する名脚本家）の会社ですね。

ここで光を当てたいのは、映画『八甲田山』がシナノ企画主導で作られたという事実です。シナノ企画は、創価学会の関連企業として、学会関連のさまざまな映像ソフトを作ってきましたが、一般向け映画の製作も少なくありません。

映画の分野でよく知られているのは、池田大作第三代会長の小説『人間革命』を映画化（東宝と共同製作）したことです。最初の『人間革命』が一九七三年、『続・人間革命』が七六年に作られて、二作とも大ヒットしました。

これは私が勝手に推察することで、シナノ企画側が言っていることではないのですが、七七年という時期に映画『八甲田山』をシナノ企画が作った背景には、この年に勃発した「第一次宗門事件」の影響があったのではないでしょうか。

第一次宗門事件は、創価学会と日蓮正宗宗門との間に起きた大きな不協和音です。このときには、学会側が折れる形で事態が収束しました。そして、九〇年代初頭の第二次宗門事件で、学会と宗門は完全に訣別《けつべつ》に至ったわけです。

シナノ企画は当時、『人間革命』の映画化第三弾を作ろうとしていたのではないでしょうか。なぜなら、原作の小説『人間革命』の中に、描くべき重要な物語はまだたくさんあったのですから……。しかし、第一次宗門事件の影響で、それが作れなくなった。そこで代わりに『八甲田山』の映画化をしたのではないかと、私は推察しているのです。

といっても、『八甲田山』のストーリーに、創価学会はなんら関係していません。ただ、映画版『人間革命』の続編の代わりに作ったという仮説を立てて観てみると、そこに秘められたシナリオ企画の真意が見えてくるように思うのです。以下、私がそう思う理由を話してみます。

『八甲田山』は、一九〇二（明治三十五）年に起きた「八甲田雪中行軍遭難《そうなん》事件」に基づいています。日本陸軍の歩兵連隊が、真冬の八甲田山を踏破《とうは》する雪中行軍訓練の途中で遭難し、参加者二一〇名中、じつに一九九名が死亡したという大変な事件でした。これほど大きな山岳遭難事故は、世界的に見てもまれです。

なぜそんな雪中行軍訓練を行ったかというと、当時「ロシアとの戦争が不可避《ふかひ》である」と考えられる状況だったためです。真冬にロシア軍と戦うことを想定して、厳寒地での戦いの準備（訓練と実地調査）をしておこうとしたのです。実際に、この訓練の二年後には日露戦争が起きています。

訓練には、「青森歩兵第五連隊」の二一〇名と、「弘前歩兵第三一連隊」の三七名がそれぞれ別ルートで参加しました。そのうち遭難したのは青森第五連隊で、一方の弘前第三一連隊は一人の落伍者《らくごしゃ》も出すことなく行軍を完遂《かんすい》しています。

一方の連隊が全滅に近い被害を受け、もう一方の連隊は一人の死者も出さなかった――映画は、この二つの連隊を対比的に描いていきます。高倉健さんが演じた弘前歩兵第三一連隊のリーダー・徳島大尉と、北大路欣也さんが演じた青森歩兵第五連隊のリーダー・神田大尉の二人にスポットを当て、一種の「リーダー論」になっている映画なのです。

徳島大尉は山に慣れた人間を選んでの少数精鋭主義をつらぬき、出発前の準備も入念に行いました。さらには、行軍中もつねに優れたリーダーシップを発揮し、部下たちの命を守りました。

一方、神田大尉も準備はしたものの、不十分でした。しかも、上官の横槍《よこやり》によって行軍に大隊が随伴《ずいはん》することになり、参加人数が大きく膨《ふく》れ上がったうえ、途中からは大隊長である山田少佐（軍での階級は大尉よりも上）に指揮権を奪われてしまいます。そのような指揮系統の混乱が、悲劇の大きな要因になったのでした。

つまり『八甲田山』は、リーダーシップの有無が二つの連隊の命運を分けたという物語なのです。

そしてもう一つ、この物語の大きなポイントになるのは「民衆観」です。

弘前第三一連隊は、いちばんの難所を切り抜けるにあたって、八甲田山を知り尽くした地元住民を案内人として雇い、その案内に従って行軍することで難を逃れます。一方の青森第五連隊は、庶民である案内人の意見に耳を貸さず、自らを過信したことで遭難に向かっていってしまうのです。

弘前第三一連隊の案内人を演じたのは、秋吉久美子さんでした。彼女が案内を終えて連隊と別れるとき、徳島大尉は部下たちに「案内人殿に対し、かしら〜右っ!」と大声で号令をかけ、全員で敬礼をして見送ります。これは、とても感動的な場面だと思います。軍人にありがちな傲慢《ごうまん》さや男性優位主義はまったくなく、相手が女性で無名の庶民であるにもかかわらず、最大限の敬意を払ったわけです。

青森第五連隊に随伴した山田少佐が地元住民を見下していたのとは対照的に、徳島大尉には民衆に対する深い敬意がありました。だからこそ民衆の英知を吸収することができ、そのことによって遭難を免れて生き残ったわけです。

私には、優れたリーダーシップを発揮して部下たちを守り、無名の庶民に最大限の敬意を払う徳島大尉が、池田会長と重なって見えます。〝宗門との闘いにおいても、池田会長率いる創価学会が最後は勝つのだ〟と、そんな秘められたメッセージが、この『八甲田山』の物語の根底に埋め込まれていた気がするのです。

そのようなアナロジカル(類推的)な見方をすることも、物事の本質をつかむためには重要になります。

ただし、くり返しますが、以上の見方は私が勝手に推察することで、シナノ企画の人たちが明言しているわけではありません。むしろ、映画を作ったスタッフの側は、そんなことはまるで意識していなかったと思います。それでも、無意識の領域で偶然が重なって、結果的に私のような読み解きをする余地が生まれてきたのでしょう。

それもまた、信仰の力のなせる業だと思います。信仰というものは、無意識の領域にまで染み渡ってこそ本物になるのです。

創価学会はマルクス主義からも学んでいる

私はいま、月刊『第三文明』で、池田会長の『法華経の智慧』を最初から最後まで全部読み解いていくという連載をやっています（「希望の源泉　池田思想を読み解く」）。『法華経の智慧』は、釈尊の説法をまとめた『法華経』の全二八品を、池田会長が教学部の代表とともに解説した大著です。単行本や聖教ワイド文庫版で全六巻、厚い普及版で上中下の全三巻に及びます。それを月刊誌で一章一章取り上げてくわしく読み解いていく試みですから、おそらく連載が終わるまでには一〇年くらいかかると思います。

『法華経の智慧』は一九九〇年代中盤に『大白蓮華』（創価学会機関誌の一つ）で連載されたものですから、いまから二〇年以上前に発表されたことになります。

現時点から読むと、当時から池田会長は創価学会の本格的な世界宗教化を見据《みす》えていたことがわかります。日本のみならず世界のＳＧＩに向けて、創価学会の法華経理解のスタンダードを示すために『法華経の智慧』を作っていることが、行間から伝わってくるのです。そういう内容の書物ですから、私にとっても、池田思想や創価学会について改めて学ぶことがたくさんあります。『法華経の智慧』を読んで気づくのは、池田会長が古今東西の西洋思想についても幅広く学んでいて、それを法華経理解のために自在に活かしているということです。古典的な哲学から（発表当時の）最先端の生命科学に至るまで、その目配りは非常に幅広いものです。

たとえば、『法華経の智慧』には廣松渉の哲学への言及が何度もあります。廣松渉という人は、日本が生んだ最良のマルクス主義哲学者の一人です。

マルクス主義、共産主義というと、みなさんは「創価学会や日蓮仏法とは相容《あいい》れない思想」というイメージを抱いているかもしれません。じっさい相容れない面もあるのですが、それでも池田会長は、共産主義からも学ぶべきものは学び取ろうとする姿勢で臨まれています。言い換えれば、創価学会の立場は単純な「反共」ではないということです。

池田会長が一九七四年に初めてソ連を訪問したとき、ある人から「宗教家であるあなたが、なぜ（宗教否定の国である）ソ連に行くのですか?」と質問されて、「そこに人間がいるからです」と答えたことはよく知られています。

仏法者と共産主義者――思想的には相容れないかもしれないが、それでも、「自分も相手も共に人間である」という根本の共通項はある。互いの差異にとらわれるのではなく、互いの共通項に目を向け、虚心坦懐《きょしんたんかい》に対話をする。そして、相手から学ぶべき点を見つけ、それを吸収していく。池田会長の文明間・宗教間対話には、つねにそのような姿勢がつらぬかれています。池田会長の「人間主義」とは、端的にはそのような姿勢にあらわれているのです。

また、マルクス主義、共産主義と創価学会の思想が、一〇〇％相容れないものかといえば、そんなことはありません。先入観を排して見比べてみれば、じつは部分的な共通項も少なくないのです。

例として、マルクス主義における「疎外論《そがいろん》」というものを挙げてみましょう。これは、マルクスの『経済学・哲学草稿』の中の第一草稿「疎外された労働」などに示された考え方です。

マルクスは、資本主義社会においては労働者の生活を非人間的なものにする「四つの疎外」が起きると考えました。

第一に、「労働生産物からの疎外」。労働者が頑張って作ったさまざまな生産物は、本来なら「労働者自身の成果」であるはずなのに、実際には資本家の成果になってしまう。労働者自身の価値を高めるものにはならない。そこに「労働生産物からの疎外」が生じているのだと、マルクスは言うのです。

第二に、「労働からの疎外」。本来労働というものはつらいだけのものではなく、やりがいに満ちた自分自身のためのものであるべきなのに、資本主義社会の労働者は労働している間は自己を感じることができない。むしろ、労働を終えて家に帰ったときに、素の自分に戻《もど》ることができる――これは「労働からの疎外」が起きているためである、と言うのです。わかりやすく言い換えれば、「労働におけるやりがいからの疎外」ということになるでしょうか。

第三に、「類的存在からの疎外」。言葉が難しくてわかりにくいですが、本来は労働を通じて他の人間たちとの社会的な連帯の喜びが感じられてしかるべきなのに、それが感じられなくなってしまう状況を指します。つまり、社会的連帯から労働者が疎外されるということです。

第四に、「人間からの疎外」。抽象的《ちゅうしょうてき》ですが、労働の中で人間が人間本来のあり方から疎外されるということです。

要するにマルクスは、〝資本主義社会の労働のあり方は人間らしい労働ではなくなっているから、本来のあり方に戻さなくてはいけない〟と主張したわけです。そう考えると、池田会長の「人間主義」の思想と、じつはそれほど遠く隔《へだ》たってはいないし、むしろ共通する部分も感じられるのではないでしょうか。

また、公明党が出発したころの状況を考えてみましょう。

当時は大雑把《おおざっぱ》に言えば、保守政党は財界や大企業の側に立ち、革新政党は労働組合の側に立っていました。そのどちらにも所属していない個人商店主や町工場の労働者、専業主婦などは、自分たちの声に耳を傾けてくれる政党がなく、〝政治の谷間〟に放置されていました。その人たちの代弁者となることが、黎明期《れいめいき》の公明党のレーゾンデートル（存在意義）だったとも言えるのです。

公明党もまた、疎外された労働者たちに手を差し伸べ、彼らが疎外されない状況を作り出そうとしていたわけです。その意味で、マルクスが「四つの疎外」で打ち出した問題提起に、創価学会は独自の宗教的アプローチで応えようとしたとも言えます。

じっさい、『法華経の智慧』を熟読していくと、マルクスの疎外論に近い考え方が随所に見受けられます。つまり、マルクス主義の中の良質な部分を、池田会長はきちんと吸収して、創価学会の思想の中に活かしているわけです。

もう一つ例を挙げましょう。マルクスの「フォイエルバッハに関するテーゼ」という草稿には、〈哲学者たちは、世界をさまざまに解釈してきたにすぎない。重要なのは世界を変えることである〉という有名な一節（第一一テーゼ）があります。これなどは、創価学会における「人間革命」の理念とかなり近いのではないでしょうか。

〃「世界はこういうものだ」と解釈するだけの哲学では、何にもならない。現実に世界を変える力になってこそ、真の哲学・思想である〃と、マルクスは考えていたわけです。一方、創価学会には、〃心の安らぎのみを与える宗教では不十分で、真の宗教は宿命を転換する力にならねばならない。そして、個人の宿命転換が積み重なった果てに、人類全体の宿命転換が成し遂げられる〃という、まさに「宗教によって世界を変え、人類を幸福にする」という思想があります。

そうした根本的な志向性についてみれば、創価学会とマルクス主義には共通性もあるわけです。

もっとも、実際にマルクス主義、共産主義が世界をよい方向に変えたかといえば、まったく正反対であったわけで、そうした負の側面についてはきちんと見据えていかないといけません。ただ、それはそれとして、あれほど世界中の人々を熱狂させた思想には、やはり部分的な真理があり、学び取るべき点もあるのです。

物事は、つねに是々非々《ぜぜひひ》で見ていかないといけません。「是々非々」とは、中国戦国時代の思想書『荀子《じゅんし》』の中の「是を是とし非を非とする、これを知といい、是を非とし非を是とする、これを愚という」に由来する言葉で、自分の立場にとらわれず、よいことはよいと認め、悪いことは悪いと認めることを言います。「共産主義は創価学会とは相容れないから」と、頭ごなしに全否定する姿勢は是々非々ではありません。

それは、宗門との関係においてもしかりです。宗門と創価学会が訣別したからといって、富士門流の遺産をすべて放棄《ほうき》する必要はありません。また、創価学会が日寛《にちかん》（江戸時代の日蓮正宗法主《ほっす》）で、正宗の「中興の祖」と呼ばれる）教学の見直しを打ち出しているからといって、それは『六巻抄』などの日寛教学を全否定するということではないわけです。

遺《のこ》すべき点は遺し、受け継ぐべき点は受け継ぐ――そのように冷静な是々非々の姿勢で臨むのが、創価学会なのだと思います。

藤代泰三先生の思い出

今日は、私が解説を書く形で文庫化された、藤代泰三先生の『キリスト教史』（講談社学術文庫）を取り上げます。これは、私にとって大変に思い出深い本です。藤代泰三先生は、同志社大学神学部と大学院神学研究科でキリスト教史を長く教えた歴史神学者です。

この『キリスト教史』は、藤代先生のライフワークです。私自身も同志社大学神学部時代、函入りハードカバーの形で発刊されたばかりだったこの本によって、初めてキリスト教の全体像をつかむことができました。また、藤代先生のゼミにも参加して、深く薫陶《くんとう》を受けました。

本書の思い出はそれだけではありません。私が大学院生だったころ、この本の第二刷が刊行された際には、藤代先生から依頼されて、第一刷の誤記・誤植のチェックと索引《さくいん》整理のお手伝いをしました。そのため、本書の序文には次のような一節があります。


〈第二刷では本文と参考文献においてミス・プリントを訂正したほか、若干の補筆や訂正をした。索引ではミス・プリントを訂正したほか、かなり補訂した。索引の整理については、同志社大学大学院に当時在学中であった佐藤優君に協力して頂いた。お礼申しあげたい〉

（『キリスト教史』藤代泰三、講談社学術文庫、二〇一七年、五～六頁）


つまり、これは私のキリスト教史理解の土台となった本であるとともに、忘れ得ぬ恩師の一人である藤代泰三先生との思い出とも結びついており、二重の意味で私にとって大切な本なのです。のみならず、みなさんがキリスト教の歴史について学ぶうえでも、大変に有意義な一書になるはずです。というのも、キリスト教の世界宗教化の歩みについても手際よく鳥瞰《ちょうかん》できる本であるからです。今後、それぞれの立場で創価学会の世界宗教化を担っていくみなさんにとっては、学ぶべきことが随所にちりばめられた書物であると思います。

とくに、この本ではかなりの紙数を割《さ》いて、日本のキリスト教史がキリスト教史の枠組みの中で捉《とら》え直されており、日本人の視点からキリスト教を考えるためにも大いに役立つでしょう。

今回は、この本の重要な箇所をみなさんと読み合わせていくなかで、創価学会についても考えていきましょう。

「類型論」で創価学会を捉える

藤代泰三先生の『キリスト教史』の重要な特色は、「類型論」でキリスト教史を捉えているという立場にあります。「序論」から、当該箇所《とうがいかしょ》を引用してみましょう。

〈私はキリスト教史全体の流れを類型論によってとらえようとする。類型論とは、歴史的現象においてあることがら自体の本質をとらえようと意図するものである。このことはたとえばわれわれがキリスト教の本質とか、あるいはイエスの福音とかをとらえようとしてこれを歴史を離れて抽象的に考察しても、それはひからびた空疎《くうそ》な内容をもつものとなってしまうであろうが、それは歴史的現象のなかに、そしてこれとともにあって光を放つものであると考えるからである。ここに類型論のもつ意義がある。（中略）

私はつぎのようなキリスト教史の類型を考える。すなわちギリシア類型、ラテン類型、ローマ類型、ゲルマン類型、アングロサクソン類型、アジア類型である〉

（前掲書、三九～四〇頁）

この箇所につづいて藤代先生は、〈類型とはある民族の数百年あるいは数世紀にわたるキリスト教の理解に基づいて成立するもの〉と書いています。つまり、キリスト教という宗教を受容してから長い年月が経つと、その地の民族的・文明的・文化的特性に合わせて、独自の「類型」が成立してくるというのです。

ここでいう「類型」とは、江戸幕府のキリスト教弾圧下に生まれた「隠れキリシタン」が、やがて教義を変容させ、「マリア観音」に象徴される異質な信仰になっていった……というようなことを指すのではありません。キリスト教の教義の本質的・普遍的側面はきちんと受け継ぎつつも、その理解にはやはり独自性が生じるという意味で「類型」と呼んでいるのです。

そして藤代先生は、世界の各地域で生まれたキリスト教の類型が、互いに排除し合うようなものではなく、むしろ〈相互に補い合い相互に深められる〉性質を持つと書いています。

ここでまた、いつものアナロジカルな思考を巡らして、この「類型論」を創価学会にあてはめてみましょう。

キリスト教が世界宗教化していくなかで、「ギリシア類型、ラテン類型、ローマ類型、ゲルマン類型、アングロサクソン類型、アジア類型」などが生まれていったように、各国のSGIが定着し、長い年月を経るうちには、いくつもの「類型」が生まれていくに違いありません。

しかもそれは、かつてキリスト教に「類型」が成立していった年月よりも、はるかに短い年月で成立するはずです。キリスト教の類型が成立するまでに数百年の歴史を要したのは、交通網も情報伝達技術も未発達だった時代ゆえでもあるからです。

遠く海を越え山を越えて、命がけの宣教が長い年月をかけて遅々《ちち》として進まず、受容プロセスもいまよりはるかにゆるやかだったがゆえに、数百年というスパンで類型が作られていったのです。

それに対して、二十一世紀のグローバル時代には、各国相互の行き来もはるかに活発に日々行われていますし、情報伝達もネット等を介せば一瞬です。だからこそ、おそらくは数十年というスパンで、一つの類型が成立していくでしょう。

したがって、創価学会による世界宗教化は、多くの類型の成立を前提として進めていく必要があるのです。

これはたとえばの話ですが、インドには「インド類型」のSGIが成立し、韓国には「韓国類型」のSGIが成立する……ということです。ほかに、「香港類型」「アメリカ類型」「イタリア類型」など、多数の類型が成立すると思います。

つまり、「アジア類型」「ヨーロッパ類型」などという大雑把なくくりではなく、国ごと、地域ごとに類型が生まれてくると思うのです。それは、かつてキリスト教に類型が成立していった時代とは違う、高度情報化社会ゆえの現象です。

ただし、ここが大事なポイントですが、類型は異なっても、どの国のＳＧＩも根本の教義は同一で普遍的です。国ごとに根本の教義が異なっていたら世界宗教ではないのですから、当然の話です。

世界宗教としての創価学会は、国ごとに異なる文化土壌の「特殊性」を尊重しつつ、根本の教義という「普遍性」を共有する形で発展していくのです。

言い換えれば、世界宗教にとっての「普遍化」とは、世界中の国々を同じ一色に染め上げることではないのです。共通の普遍性を根幹に持ちつつ、各国が固有の文化を保ったまま、異なる色の花を咲かせる――まさに桜梅桃李《おうばいとうり》、百花繚乱《ひゃっかりょうらん》のありようこそが、世界宗教にふさわしいのです。

そして、根幹となる普遍性を担保するものこそ、世界宗教化を見据えて制定された創価学会の「会憲」です。

三代会長を「永遠の師匠」とするといった、「会憲」に定められた、けっして譲れない根本の同一性。それらを保持したうえで、それ以外の部分については各国の文化を尊重する――そのような姿勢で臨むからこそ、各国ＳＧＩにそれぞれ類型が成立していくのです。

会憲を、もう一度じっくりと読んでみてください。そこには、日本人にしか通じないような「特殊日本的」な事柄は一つも記されていません。なぜなら、会憲とは世界のＳＧＩ共通のスタンダードを定めたものだからです。〝各国のＳＧＩが共通して尊重すべき、根本の教えとは何か？〟が、そこには定められている。だからこそ、それは日本文化と結びつく特殊なものであってはいけないわけです。

そのうえで、会憲11条の〈4．ＳＧＩならびに構成団体および会員は、その活動の推進に当たっては、各国・地域の法令を遵守《じゅんしゅ》し、また、随方毘尼《ずいほうびに》の精神を踏まえ、文化および風習を尊重する〉との一節によって、国ごとの文化を尊重すること、言い換えれば、「元々ある文化を破壊する形での布教はしない」という大原則が示されているのです。

世界宗教ゆえに「類型」が成立する

藤代先生は、キリスト教における類型は「相互に補い合い相互に深められる」性質を持つと指摘しています。これは、創価学会の未来についてもあてはまります。

将来、ＳＧＩ各国に土着の文化と結びついた類型が成立しても、それは日本の創価学会と各国ＳＧＩの絆《きずな》を妨げる要素にはなりません。むしろ逆で、各国ＳＧＩが土着の文化を保ったまま類型を成立させるがゆえに、「相互に補い合い相互に深められる」のです。

現時点でも、各国SGIが日本の創価学会からさまざまなものを学んでいるように、日本の創価学会員も各国SGIから多くのことを学んでいるはずです。

たとえば、多くの国のSGI組織は、いまがまさに黎明期です。川の流れで言えば源に近い渓《けい》流《りゅう》であり、それゆえの活動の激しさがあります。一方、日本の創価学会は草創期の激しい〝土台建設の時代〟を終え、いまは川でいえば河口に近いゆったりした流れになっています。

だからこそ、各国SGIの活動の様子が『聖教新聞』等で報じられるとき、あるいは広宣流布大誓堂を訪問するために来日したSGIメンバーと直に接するとき、そこから多くのことが学べるはずです。

「ああ、おじいちゃん・おばあちゃんから話に聞く、草創期の創価学会の闘いはこういう感じだったのだろうな。自分たちも負けてはいられない」——そんなふうに感じて発奮することもあるでしょう。

以上は、他のSGI組織からの「学び」のほんの一例です。将来、各国SGIに類型が成立していったとき、そのような「学び」の機会があらゆる面で起きてくるはずです。それこそがまさに、「相互に補い合い相互に深められる」関係なのです。

創価学会側では、いまのところ、そのような類型論的な見方を表には出していません。しかし、藤代泰三先生から直接類型論を学んだ私の目から見ると、会憲制定の背景には間違いなくそのような類型論的視座《しざ》があります。

逆に言えば、創価学会が世界宗教化を本格化させたことによって、キリスト教史における類型論的な見方が、ようやくSGIについても可能になったということです。戸田第二代会長の時代まで、創価学会は日本にしかなかったわけで、類型論で考える必要もなかったのです。

また、創価学会以外の既成仏教各派も、そのような類型論的視座とは無縁でした。なぜなら、仏教はインドから世界に広がっていったとはいえ、しっかりと定着したのは東アジアと東南アジアのみにとどまったからです。

つまり、東アジアもしくは東南アジアという一類型の枠内《わくない》にとどまっていたわけで、その枠の外側を意識する必要はなかった。枠を超えて世界に広がった仏教は、けっきょくのところ創価学会だけなのです。私が「既成仏教は厳密には世界宗教とは呼べない。創価学会こそが仏教初の世界宗教だ」という理由の一つも、そこにあります。

言い換えれば、一つの文化類型の枠内に収まるのではなく、異なる文化を持つ国ごと、地域ごとに類型が成立してこそ、真の世界宗教なのです。

第四章で、「イスラム教の主流派であるスンナ派は四つの法学派に分かれている」という話をしましたね。覚えていますか？　トルコに多い「ハナフィー派」、エジプト、チュニジア、リビアに多い「マーリキー派」、インドネシアとロシアの北コーカサスに多い「シャーフィイー派」、そして、アラビア半島に多い「ハンバリー法学派」です。

四つの法学派は、各地域に根ざしています。つまり、四つはそれぞれが一つの類型なのです。そのように異なる類型を成立させ、地域の文化と分かち難く結びついた形で発展しているからこそ、イスラム教はまぎれもない世界宗教なのです。

そして、藤代先生の『キリスト教史』を熟読することによって、みなさんもそのような類型論的視座を身につけることができ、創価学会の世界宗教化についていっそう深い理解を得ることができるのです。

もう一つ、注意しておくべき点があります。それは、いま言ったような類型論は、上下関係やヒエラルキー（ピラミッド型の階層組織）を生み出すようなものではけっしてないということ。つまり、〝日本の創価学会がいちばん上で、その下に各国SGIが従属《じゅうぞく》している〟という形ではないのです。日本の創価学会と各国SGIの関係は、ヒエラルキーではなくリゾーム（地下茎）的なネットワークなのだと思います。

今後、各国SGIが固有の文化を尊重しつつ、三代会長論などの共通基盤をしっかりと維持したうえで、類型として発展していくでしょう。だからこそ、各国SGIは平等な形で並び立ち、相互に学び合い、深め合う関係になれるのだと思います。

その点でも、SGIはカトリックよりもプロテスタントに近いといえます。カトリックの場合、各国はヴァチカンという頂点を持つヒエラルキー構造をなしているからです。

さて、私はこの課外講座の中で、一貫してキリスト教の歴史からのアナロジー（類推）で創価学会を論じています。みなさんが『キリスト教史』を熟読すれば、私のこうした方法論が藤代先生から学び取ったものであることがわかるはずです。たとえば、先生は次のように書いています。

〈ここで注意したいことは、キリスト教以外の宗教を信仰する者も、キリスト教精神史に展開される史実とその解釈に信仰のアナロギアすなわち信仰の類推によって接近しうるであろうし、キリスト教精神史の理解も可能になってくるであろうということである。そしてこのことはキリスト教徒が他宗教、例えば仏教を理解する場合にもいえることなのであり、そうであればこそ、のちに述べるキリスト教精神史におけるアジア類型のなかの一つとしての日本類型の成立が可能になるのである〉（前掲書、三七〜三八頁）

キリスト教徒である私が、創価学会や池田会長について論ずることを、こころよく思っていない人も世間にはいると思います。しかし私には、大学時代、大学院時代を通じて藤代先生から学んだことによって、「キリスト教を深く理解した者は、そこからのアナロジーによって他の宗教も深く理解できる」という強い確信があるのです。

言い換えれば、「自分の足下を深く掘ることによって、他者と世界が広く理解できるようになる」ということ。つまり、この課外講座の根底にあるのも、じつは藤代先生からの教えなのです。

藤代先生の『キリスト教史』には、ほかにもみなさんが学ぶべき点がたくさんあります。キリスト教の歴史について学ぶのみならず、そのことを通じて創価学会についての理解も深まるのです。

「迫害→与党化→宗教改革」という道筋

キリスト教は、かつてローマ帝国で迫害されました。その迫害を乗り越えてローマの国教となり、「与党化」します。その後、中世に至って宗教改革が起きるわけですが、『キリスト教史』を読んでそのプロセスを深く学んでいくと、そこからのアナロジーによって、創価学会の歴史についてもいっそう深く理解できるはずです。

たとえば、「ローマ帝国との教会の闘い」という章を読むと、キリスト教がどのように迫害されたかをくわしく知ることができます。そこには次のような一節があります。

〈二四八年にローマ市の千年記念祭が執行され、古代ローマの復興が祝われ、ローマの宗教が尊重された。その翌年ローマ人デキウス（在位二四九―二五一）は皇帝となった。この時までに教会は非常に組織化され、国家のなかの国家と考えられるほど有力な存在となった。デキウスの勅令《ちょくれい》によってすべての地域の住民に神々への犠牲の奉献《ほうけん》が命じられ、違犯者には厳しい刑罰が科せられた。その結果彼は二五〇年（あるいは二四九年）に最初の全国的キリスト教徒迫害を命じた〉（前掲書、一三六頁）

キリスト教会は「国家のなかの国家と考えられるほど有力な存在となった」とあることに注意してください。キリスト教は無力だから迫害されたのではなく、逆にローマ帝国の中で大きな影響力を持ったからこそ弾圧されたわけです。

創価学会も同じことです。戦後の「折伏大行進」で勢力を拡大し、なおかつ国政選挙に独自候補を立てて政界に進出したからこそ、一九五七年に「大阪事件」という形で弾圧が起き、青年幹部時代の池田会長は逮捕《たいほ》・勾留《こうりゅう》されました（のちに裁判で無罪が確定）。

ローマ皇帝によって「最初の全国的キリスト教徒迫害」が命じられてから約六〇年後、コンスタンティヌス帝がキリスト教に対する「寛容令」を発し、キリスト教は初めて信教の自由を獲得します。いわゆる「ミラノ勅令」がこれで、以後キリスト教は「与党化」していくわけです。

要するに、宗教の影響力が強まると国家に迫害されるが、その影響力がさらに強まっていくと、ある時点で迫害が止んで「与党化」するわけです。

創価学会の場合、公明党が自民党と連立政権を組んだ時点を「与党化」のメルクマール（指標）と考えれば、「大阪事件」から自公連立政権誕生までは四二年です。無理にこじつけることもないですが、ローマ帝国によるキリスト教迫害から公認までの道筋と、だいたい同じくらいのスパンです。

つまり、時代は大きく違っても、国家による迫害から「与党化」へという流れは同じなのです。

では、与党化から聖職者の腐敗堕落《だらく》、そして宗教改革へという流れについてはどうでしょう？

これもやはり、大きな枠組みで見てみると共通項がいろいろあります。

『キリスト教史』は、ローマ帝国によるキリスト教公認以後の流れを、次のように綴《つづ》っています。

〈今や大衆は教会に殺到するようになったが、教会は彼らを真に内面からキリスト教化することはできず、キリスト教徒の倫理生活は低下した。教会は教会内に台頭してきた異教に対処しなければならず、また突如として国家、法、経済、社会、家庭、教育、結婚、学問、工芸、倫理に関するキリスト教的見解が求められた。コンスタンティヌスによる教会への干渉によって教会は権力と富とに結合することになったが、このことはのちに教会に打撃を与えるようになる。（中略）

教会への入会は容易になったばかりか、三八〇年のテオドシウスの大勅令によれば、正統信仰は臣民としての忠誠と完全に一致し、人々はいやおうなしに教会に加入しなければならなかった。コンスタンティヌスの教会への干渉は批判されなければならない点が多くあるが、その場合教会側にも責任がある。というのは単なる教会の外的拡大はその内的衰微《すいび》の初めで

もあるからである〉　　　　　　　　　　（前掲書、一二三八頁）

キリスト教会が公認され、「教会に所属したほうが得だ」ということになったので、水ぶくれ的に信徒が増えていった。その結果、「キリスト教徒の倫理生活は低下」した――すなわち、損得ずくでキリスト教徒になった不純な輩《やから》や出世主義者が、教会の中に多数入り込んでいったわけです。

しかも、その後長い年月にわたって、「キリスト教以外の宗教を一切認めない」という体制が、ヨーロッパではつづいていきました。その結果、聖職者たちの腐敗堕落が進んでいきます。世俗権力と結びついて私利私欲の蓄財に走ったり、戦争を好む聖職者が現れたり……。十五世紀あたりには、聖職者たちは腐敗の極に達していました。その結果、ボヘミアのヤン・フスを先駆者として宗教改革が始まり、十六世紀にはルターやカルヴァンらの改革運動が起きるわけです。

それに比べたらスケールは小さいものの、日蓮正宗の僧侶たちの腐敗堕落にも、よく似たところがあります。

弱小の貧乏宗派であった日蓮正宗が、戦後の創価学会の大発展とともにどんどん経済的に豊かになっていき、その結果として僧侶たちが贅沢《ぜいたく》と遊びを覚えてしまった。そして、僧侶たちが腐敗の極に達したころ、第二次宗門事件が起きて、宗門と創価学会は訣別に至ります。そのことが、僧侶を呼ばない「友人葬」など、創価学会側が「平成の宗教改革」と呼ぶ一連の改革に結びついたわけです。

そのように、『キリスト教史』には随所に、創価学会の歩みとのアナロジーが成立する部分があります。だからこそ、みなさんにも熟読していただきたいのです。

一言付け加えるなら、世界宗教の「与党化」とは、必ずしも「各国の与党と結びつくこと」を意味しません。

キリスト教は、かつてはヨーロッパの多くの国において「国教」でした。いまは政教分離がなされていますから、当然「国教」ではありません。それでも、二十一世紀のいまなお、ヨーロッパおよびアメリカにおいては、キリスト教は「見えざる国教」でありつづけています。つまり、法制度的に国教ではなくても、欧米人の価値観の根本にはキリスト教があるのです。その意味において、キリスト教はいまも欧米において〝与党的な地位〟を保っているわけです。

世界宗教の「与党化」にはそのような形もあるということを、心にとどめておいてください。

第6章

エキュメニズム

宗教間対話の思想

「原水爆禁止宣言」という原点

創価大学のキャンパスにある「建学の碑」には、創立者・池田大作先生による「建学の精神」が刻まれていますね。たぶん、みなさんは暗唱できると思うんだけど、「人間教育の最高学府たれ」「新しき大文化建設の揺籃《ようらん》たれ」「人類の平和を守るフォートレス（要塞《ようさい》）たれ」という三つの言葉です。

最後の言葉――「人類の平和を守るフォートレス（要塞）たれ」は、北朝鮮が日本に向けて核ミサイルを放つかもしれないという状況（講座当時）のなかで、ここ数年、いっそう重みを増していると思います。

創価大学の卒業生は、当然のことながら、あらゆる分野で活躍しています。国連機関の職員になるなどして、世界平和のために直接尽力している人もいるでしょう。しかし大半は、一見すると世界平和には直接の関係がない仕事をしているのだと思います。それでも、どんな仕事に就《つ》いたとしても、創価大学の卒業生は全員「人類の平和を守る」心を持ちつづけていってほしい――池田先生が「建学の精神」に込めた思いは、そういうことなのだと思います。

人類の平和を守るための最も重要な課題は、核兵器の廃絶《はいぜつ》でしょう。そしてそれは、平和団体としての創価学会の大きなテーマでもあります。

私は二〇一七年四月に、創価学会神奈川平和会館に招かれ、「創価学会に脈打つ平和と正義の心」という演題で講演を行いました。それは、一七年が戸田城聖第二代会長による歴史的な「原水爆禁止宣言」（一九五七年九月八日）から六〇周年の佳節にあたることを記念したものでした。神奈川は、同宣言がなされた地でもあります。

その講演の中で、私は次のように述べました。

〈原水爆禁止宣言には、他の反核マニフェストとは異なる重要な特徴が二つあります。一つは、次代を担う青年たちに、〃核兵器は絶対悪であるとの思想を世界に広げることが君たちの使命だ〃と訴えた宣言だということ。もう一つは、広宣流布を目指す活動の一環であったということ。すなわち、たんなる政治運動としての反核ではなく、みなさんの日々の信仰の闘いの一部であった点が、大きな特徴なのです。北朝鮮の核問題が深刻化するいま、イデオロギーの枠《わく》を超えて〃核兵器への絶対的反対〃をいち早く訴えた原水爆禁止宣言の重要性は、ますます高まっています。（中略）
不安定で、一歩間違えば平和な時代が終わりかねない国際社会の中で、我々はいま生きているのです。そのリアリズムをふまえて、日本はどうやって平和を維持していけばよいかを考えなければいけません。

そうしたなか、戸田会長の原水爆禁止宣言がいっそう光彩を放って見えるのは、あの宣言が「人間の心を変えるところから平和を構築していこう」とするものだからです。

戸田会長は、一人ひとりの心の中に平和の種を蒔《ま》くところから、核兵器廃絶というはるかな目標に向けての歩みを開始しました。だからこそ、根源的で歴史的な宣言なのです。核兵器の問題を、「抑止《よくし》の論理」や「力の論理」だけで解決しようとするのは非常に危険なことで、人類を破滅の淵《ふち》に追いやりかねません。いまの北朝鮮問題のような一触即発《いっしょくそくはつ》の危機のときにこそ、安全保障の論理、国家の論理とは別の位相《いそう》から、人の心の中に平和を構築していく姿勢が重要になってくるのです〉

（『潮』二〇一七年七月号、佐藤優「創価学会の世界宗教化と『原水爆禁止宣言』」、一九七〜一九九頁）

戸田会長が原水爆禁止宣言を発表したころは、東西冷戦の真っ只中でした。だからこそ、当時の核兵器反対運動の多くは、イデオロギーの足枷《あしかせ》をはめられた中途半端なものだったのです。たとえば、「ソ連の核実験は支持するが、アメリカの核実験には反対する」という立場をとる日本の革新政党もありました。言い換えれば、「ソ連の核兵器はよい核兵器で、アメリカの核兵器は悪い核兵器」と考える態度だったことになります。核兵器に対するダブルスタンダードです。

そのような状況にあって、戸田会長は宣言の中で、どこの国が使おうとも核兵器は絶対悪であり、人類に対する犯罪だと厳しく弾劾《だんがい》したのです。これは時代に大きく先駆けたものでした。

戸田会長は宣言に先立って、「諸君らに今後、遺訓《いくん》すべき第一のものを、本日は発表いたします」と述べました。そして宣言の中では、〝核兵器は絶対悪であるという思想を、全世界に広めてほしい。それこそが創価学会の使命である〟と、集った青年たちに後事《こうじ》を託したのです。その場にいた青年の一人が若き日の池田大作第三代会長であったことは、いうまでもありません。

池田会長は、第三代会長となってからの重要な平和行動について、原水爆禁止宣言がなされた日である九月八日を選んで行っています。

たとえば、〝日中提言〟として知られた、日中両国の国交正常化実現を訴えた提言が発表されたのは、一九六八年九月八日でした。また、池田会長が旧ソ連を初訪問したのは、一九七四年九月八日でした。これらは偶然ではありません。〝原水爆禁止宣言の心を受け継いだ、世界平和のための行動として行っている〟と示すために、あえて同じ日が選ばれているのです。池田会長ご自身も、次のように綴っています。

〈私が、六八年（昭和四十三年）に「日中国交正常化」の提言を発表した日も、また七四年（昭和四十九年）、中国に引き続いて、ソ連（現ロシア）を初訪問した日も、この「原水爆禁止宣言」の記念日である九月八日でありました〉

（『池田大作全集』一一〇巻、二〇〇四年、三一二頁）

言い換えれば、原水爆禁止宣言こそ、創価学会の平和運動の最大の原点だということです。

「ICAN」のノーベル平和賞受賞が持つ意味

核廃絶に向けた流れの中で重要なメルクマール（指標）となる出来事が、二〇一七年に起きました。核兵器禁止条約の制定に向けたキャンペーンを展開しつづけてきた「ICAN」（核兵器廃絶国際キャンペーン）が、ノーベル平和賞を受賞したことです。

SGIは、このICANの国際パートナーの一つです。そしてそれは、ICANの側からの要請によるものでした。二〇〇七年にICANが設立されてすぐ、設立メンバーの一人で当時の議長だったティルマン・ラフ博士が創価学会本部を訪ね、SGIに国際パートナーになってくれるように要請したのです。博士は、『聖教新聞』二〇一七年十二月十六日付の記事で、次のようにコメントしています。

〈ICANを立ち上げた時、SGIと協力したいと考えたのは自然なことでした。多様な人々によるグローバルな連帯と貢献――ICANが目指していたものを、SGIは体現していたからです〉

じつは、ＩＣＡＮ設立前の一時期、核兵器廃絶の運動は世界的に大きな停滞期を迎えていました。平和運動に携わる人たちの関心が環境問題などに移り、一方では核軍縮に関する重要な動きで失敗がつづいたためです。たとえば、二〇〇五年五月のＮＰＴ（核拡散防止条約）再検討会議は何の成果も得られずに閉会し、同年九月の国連総会の首脳会合の成果文書では、核兵器に関する言及が見送られました。

そうした状況を重く見た池田会長は、翌二〇〇六年一月二十六日発表の第三一回「ＳＧＩの日」記念提言の中で、二〇一〇年までの五年間を核兵器廃絶の流れを作り直す「重要な挑戦の時である」とし、世界の志を同じくする人々に共闘を訴えました。

その提言に呼応するように、翌年にＩＣＡＮが設立され、そこを起点に世界の核廃絶運動が再び盛り上がっていったのです。

ＩＣＡＮ事務局長のベアトリス・フィン氏は、設立からの一〇年余に及ぶＳＧＩとの共闘について、次のように述懐しています。

〈ＳＧＩは、私たちＩＣＡＮにとって最も古く、一貫したサポーターの一つです。核兵器の禁止と廃絶を目指す戦いにおいて、計り知れないほどの重要な役割を担ってきました〉

（『聖教新聞』二〇一七年十二月十三日付）

そうした経緯を考えれば、「ＩＣＡＮがノーベル平和賞を受賞したことは、ＳＧＩが受賞したに等しい」と言ってもけっして過言ではないと思います。「原水爆禁止宣言」から六〇周年という佳節に当たる年に、ＳＧＩも参加したＩＣＡＮがノーベル平和賞を得たというのも、不思議な時の一致です。それは、宣言からの六〇年間で池田会長が展開してきた世界平和への尽力が、そのような形で結実し、世に認められたということでもあります。

また、そのようなときに日本では公明党が与党であったということにも、大きな意味があると思います。というのも、連立与党のパートナーである自民党は、核廃絶にあまり積極的ではないからです。

二〇一七年十月にＩＣＡＮのノーベル平和賞受賞が決まったときにも、日本政府はなんのコメントも発しませんでした。なぜなら、ＩＣＡＮがノーベル平和賞に選ばれる理由となった核兵器禁止条約に、日本は署名していないからです。同条約は核兵器の全廃と根絶を目的として起草された国際条約であり、米国や中国などの核保有国は反対しています。したがって、米国の「核の傘」の下にある日本も、唯一の被爆国《ひばくこく》でありながら署名しにくい難しさがあるわけです。

また、自民党議員の一部には、日本も核武装すべきだと主張したり、北朝鮮の核問題についても「北を先制攻撃すべきだ」と極端な主張をしたりする人がいます。そのような人たちと、核廃絶を目指す公明党は相容《あいい》れないと思います。

しかし、そうした中にあっても、公明党が連立政権の一角を占めているがゆえに、日本政府としてもＩＣＡＮの受賞に反応せざるを得なくなりました。ノーベル平和賞の授賞式に合わせて、河野太郎外相が祝福の談話を発表したのです。また、全国紙も朝日から産経まですべて受賞について報じました。『産経新聞』さえ、池田会長がＩＣＡＮに祝電を送ったことまで報じたのです。

公明党が与党でなかったら、ＩＣＡＮの受賞についての日本国内の反応はもっと冷ややかだったでしょう。ＩＣＡＮのノーベル平和賞受賞をめぐる一連の経緯は、創価学会の底力を見せると同時に、一度は停滞した核廃絶への流れに大きく棹《さお》さす出来事であったと思います。

「核廃絶の思想を広めていく」という使命

世の中には、「核兵器廃絶なんて夢のまた夢だ。絶対に不可能だ」とシニカルな見方をする人もいます。たしかに私も、単純な形で人間の善意とか性善説に期待して、「いつかは核廃絶できるだろう」と楽観することはできないと思います。

しかし、「核廃絶が不可能だ」とは、私はけっして思いません。核兵器は人間が作ったものなのですから、人間の力によって封じ込めることもできるはずです。

たとえば、少し飛躍するようですが、天然痘《てんねんとう》について考えてみましょう。

天然痘ウイルスが引き起こす感染症である天然痘は、致死率《ちしりつ》も非常に高く、かつては人類滅亡につながりかねなかった恐ろしい病気でした。日本でも、みなさんのおじいちゃん・おばあちゃんの時代までは、まだ深刻な病気だったのです。

しかし、日本でも一九五五年に制圧され、世界的にも一九八〇年にWHO（世界保健機関）が「地球上からの天然痘根絶宣言」を出しました。天然痘は、人類が初めて撲滅に成功した感染症になったのです。

現在、天然痘の株は、ジュネーブのWHO本部とモスクワ、ワシントンにしか存在しません。もしもアメリカかロシアが「天然痘を利用した生物兵器を作ろう」と考えたとしたら、その兵器を持った軍隊が、敵国に壊滅的《かいめつてき》な打撃を与えることができるでしょう。なぜなら、天然痘のワクチンである「種痘《しゅとう》」を国民全員に接種できるような体制は、もうどこの国にもないからです。しかし、米国もロシアも、まさかそんな馬鹿なことはしないでしょう。

昔は人類滅亡につながりかねない病気であった天然痘を、我々人類は封じ込めることができたのです。その人類に、核兵器を封じ込められないはずはないと私は思っています。

ただ、核兵器廃絶という難事中の難事を成し遂げるためには、政治の世界だけでいくら頑張っても不十分だと思います。世界各国、社会のあらゆる面に、生命を尊重し、人間主義の思想を持った人たちが増えていって、いわゆる「平和の文化」が世界に根付いていかないといけない。それが、いわば核廃絶実現の「十分条件」になります。

そして、戸田会長が原水爆禁止宣言の中で語った、核廃絶の思想を世界に広めるというのは、そういうことだと思います。核廃絶を重視するという価値観を持った人たちのネットワークを、世界中に広げること——創価学会が目指す広宣流布の一つの目的が、そこにあるのです。

言い換えれば、創価学会にとって核廃絶とは、たんなる「平和運動の中の一項目」ではありません。それは、人間共和の広宣流布という目的、創価学会のレーゾンデートル（存在価値）そのものと、分かちがたく結びついているのです。

みなさんがこれから社会に出て、どんな仕事に就くのかはわかりません。しかし、どんな職業を選ぶにせよ、核廃絶という使命を常に心の中に置いておくべきだと思います。そうであってこそ、「人類の平和を守るフォートレス（要塞）たれ」という「建学の精神」にかなった卒業生であると言えるのではないでしょうか。

キリスト教「エキュメニカル運動」の歴史

池田会長は、過去半世紀以上にわたり、一民間人としては空前のスケールで宗教間対話を展開してきた方ですね。対談集としてまとまったものだけを見ても、キリスト教・イスラム教・ヒンドゥー教・儒教など、異なる宗教を持つ識者・指導者と数多く対談をしています。

そのような「宗教間対話は大切だ」と捉《とら》える思想というのは、じつはキリスト教から生まれています。キリスト教の「エキュメニカル運動」（世界教会一致運動）から生まれたのです。

第三章でも話しましたが、キリスト教の全教派に共通の基本文法という性質を持つ信条を、「エキュメニカル信条」と呼びます。

「エキュメニズム」と「エキュメニカル」は、同じ言葉の名詞型と形容詞型です。日本語では、エキュメニズムは「世界主義・普遍主義」などと訳されます。キリスト教用語として使う場合には、エキュメニズム＝世界宗教主義という意味です。したがって「エキュメニカル」は、世界主義的・普遍主義的・世界大的というニュアンスになります。

この言葉は、「オイクメネ（oikoumenē）」というギリシャ語に由来しています。「オイクメネ」は「人間が住むすべての土地」という意味です。そこから転じて、「世界中すべてのキリスト教徒たちは、相争うことなく併存していこうじゃないか」というニュアンスで「エキュメニズム」が生まれてきたのです。カトリックとプロテスタントが長年にわたって、血で血を洗う戦いをくり広げてきたからこそ、その教訓として生まれたものとも言えます。

そしてそれは、キリスト教の世界宗教化に呼応して生まれてきた運動でもあります。というのも、世界宗教は「自分たちの信ずる宗教が、やがて全人類に信じられるようになる」という発想には立たないものだからです。現実として、一つの宗教が全人類を統一するということなど不可能であると、よく理解しているからこそ世界宗教になれるのです。

創価学会でいう広宣流布も、全人類が一人残らず日蓮仏法に帰依《きえ》することをゴールとしているわけではないでしょう。そんなことは、そもそも不可能だからです。広宣流布がどんなに進んでも、日蓮仏法に帰依できない人、他宗教を信じつづける人は、世界に一定数必ず存在する――そのような前提に立っているわけです。だからこそ、他宗教とも対話を積み重ねて平和的に併存していくことが、世界宗教には死活的に重要になってくるわけです。キリスト教もしかりです。

このエキュメニカル運動の流れについても、藤代泰三先生の『キリスト教史』を読むと、くわしく解説されています。同書の「第五部　現代」の「エキュメニカル運動」という章の「序」の部分を読んでみましょう。

〈過去四〇〇年間、ことに最近の一五〇年間に教会は分裂に分裂を重ねてきた。教会の分裂は、聖書の教えるキリスト教会の一致に反するものであり、教会の力を弱めた。一九世紀に諸教派内に起こった教会一致への要望は、宣教師の間でことに激しくなった。宣教師は異教民族の間に諸教派の対立が生みだすつまずきに敏感になってきて、これは克服されなければならないと考え始めた。

このようにしてエキュメニカル運動（世界教会一致運動――エキュメニカルとは世界大的の意）が、二十世紀になって活発に展開されるようになった〉

（『キリスト教史』藤代泰三、講談社学術文庫、二〇一七年、五四九頁）

ここにあるとおり、キリスト教のエキュメニズムは、元々はキリスト教各教派の対話と併存を目指すものでした。しかし、その対話を進めるプロセスはなかなか困難な道のりでした。『キリスト教史』からの引用をつづけます。

〈一九四八年に世界教会協議会が創立された。四四ヵ国の一四七教会から代表者が送られたが、ローマ・カトリック教会、保守的プロテスタントのグループのうちのあるもの、ロシア正教会は参加しなかった〉（前掲書、五五四頁）

この段階ではプロテスタント教会だけが世界から集ったものの、ローマ・カトリック教会やロシア正教会はまったく参加しなかったし、プロテスタントの中でも保守的な教派は不参加だったというのです。しかも、カトリックは参加しなかったのみならず、ローマ教皇が会議への出席を禁止する「回勅《かいちょく》」（教皇から世界のカトリック教会の司教に向けて発せられる、カトリックの公文書）を発したのです。

〈一九四八年アムステルダムの世界教会協議会は、この会議開催に先だって、オブザーヴァーとしての出席をローマ・カトリック教会に要請したが、教皇は戒告令《かいこくれい》を発して、すべての教会合同会議への出席を禁止した。カトリック教会は、教会合同はプロテスタントらがカトリック教会に復帰する以外にないとの態度を示した。そして一九五〇年に教皇ピウス一二世は、回勅「エクレシア・カトリカ」を発布し、すべてのキリスト教徒のカトリック教会への復帰を要望した〉（前掲書、五五六頁）

「他教派と話し合うつもりはない。その前にお前らのほうがカトリックに復帰しろ」というのですから、なんともかたくなな態度です。

しかし、一九六一年の第三回世界教会協議会には、ロシア正教会をはじめとする東ヨーロッパの正教会が参加し、カトリックを除くほとんどすべての教派が入るようになりました。この段階で、エキュメニカル運動の大きな基礎ができたわけです。

さらに、一九七五年に開かれた第五回世界教会協議会では、大きな進展が見られました。引用をつづけます。

〈この協議会には、ローマ・カトリック教会以外の世界の諸教会からの約七〇〇名の代表者と約二〇〇〇名のアドヴァイザー、傍聴者、スタッフ、報道関係者等が集まった。この大会では、今日の世界の諸問題、すなわちキリスト告白、食糧とエネルギーとの危機、被抑圧者の解放（婦人問題や人権問題）、不正な社会構造の改革、仏教徒やイスラム教徒やヒンズー教

徒やユダヤ教徒との対話が取り扱われた〉
（前掲書、五五四～五五五頁）

見てのとおり、一九七五年を境にして、エキュメニカル運動はキリスト教の枠を超えたのです。「キリスト教以外の他宗教の人たちとも対話をし、世界が直面する諸問題の解決を共に考えていこう」とする方向に舵《かじ》を切った。これは画期的な転換でした。

宗教対立を原因とする紛争や殺戮《さつりく》、さまざまな社会的不公正などを解消していくために、宗教人として、互いが差異を認めながら協力し合っていこうじゃないかという、大きな流れがここから生まれたのです。これは、池田会長がくり広げてきた宗教間対話の精神や、現在のSGIが推進している宗教間対話と、非常に近い動きだと思います。

特筆すべきは、池田会長は第三代会長に就任した一九六〇年の時点から、すでにそのような精神に立った宗教間対話を始めていたということです。それは、キリスト教のエキュメニカル運動が他宗教との対話に舵を切るよりも、さらに早い先駆的偉業でした。

そして、エキュメニカル運動に否定的であったローマ・カトリック教会も、一九六〇年代に入ると協調的になってきました。もっとも、近年はまた否定的になってきていますが、それはともかく、エキュメニカル運動が世界の宗教間対話を推進する大きな力になってきたことは、間違いありません。

「エキュメニカルな宗教」のネットワークを

エキュメニカル運動について、駆け足で見てきました。しかし、すべてのキリスト教がエキュメニカルな志向を持っているわけではありません。中には、初めからエキュメニズムに背を向けたままの教派もあるのです。

たとえば、アメリカの宗教右派（キリスト教右派）というのは非常に原理主義的で、ダーウィンの「進化論」をいまだに認めていないような人々がたくさんいます。「人間は神によって造られたのに、猿から進化したなどというたわごとを認めるわけにはいかない」と考える人たちです。

ブッシュ（息子）元大統領の支持基盤になっていたのもキリスト教右派であり、ブッシュ自らもキリスト教右派です。ブッシュは「九・一一」テロ当時の大統領でしたが、そのころ議会演説で「十字軍」という言葉を使って顰蹙《ひんしゅく》を買いました。かつてキリスト教徒が異教徒を大量殺戮した十字軍を、対テロ戦争で戦う米軍になぞらえてしまったわけです。いかにもキリスト教右派らしい発言ではありました。キリスト教右派にとって、イスラム教徒は対話すべき相手ではなく、戦うべき相手なのです。

また、キリスト教から派生した新宗教である「エホバの証人」も、エキュメニズムに完全に背を向けています。輸血を禁止する教義で知られるエホバの証人ですが、その教義も聖書の記述の原理主義的理解に基づいています。

イスラム教でも事情は同じで、他宗教と積極的に対話していこうとしているエキュメニカルなグループもあれば、アルカイダやIS（イスラム国）のように、他宗教との対話を一切拒絶しているグループもあります。対話するどころか、ISなどは、宗教間対話を推進するムスリムの同胞たちを、「イスラムの教えに反する裏切り者だ」と捉えて殺害の対象にすらしています。

一般には「平和的な寛容の宗教」と見做《みな》されがちな仏教の中にも、原理主義的なグループはあります。たとえば、ミャンマーのイスラム系少数民族である「ロヒンギャ」への迫害と差別が深刻な国際問題になっていますが、ロヒンギャの人々を迫害し、虐殺《ぎゃくさつ》しているミャンマーの国軍は、仏教徒の集まりです。その一例だけを見ても、「仏教徒だから平和的だ」などとは決めつけられないことがわかります。

要するに、どの宗教にもエキュメニカルな流れと原理主義的な流れの両極があって、相手がどちらに位置しているかをまず見極めてから対話しないといけないのです。「イスラム教だから○○だ」「仏教だから○○だ」などという短絡的《たんらくてき》な決めつけは禁物です。

創価学会は、日蓮仏法の中の最もエキュメニカルな流れと言えるでしょう。池田会長の宗教間対話の実践を見てもわかるとおり、異なる宗教、異なる文化の人たちと対話し、平和的に併存していくことができる宗教です。だからこそ、創価学会は世界宗教になり得るのです。

逆に、同じように日蓮仏法を奉じていても、まったくエキュメニカルではないグループもあります。

たとえば、日蓮正宗がそうですね。一九九〇年代初頭に第二次宗門事件が勃発《ぼっぱつ》した直後、創価学会の秋谷栄之助会長が阿部日顕法主《にっけんほっす》（いずれも当時）に会見を求めたのに対して、宗門側は「（法主とは）お目通り適《かな》わぬ身」という江戸時代のような言葉で会見を断ってきました。そのように、「開かれた対話」とはほど遠い体質があるのです。また、ベートーヴェンの「歓喜の歌」を「外道礼賛《げどうらいさん》、謗法《ほうぼう》に当たる」と否定するなど、異なる宗教や文化を尊重しない姿勢を持っています。反エキュメニカルで原理主義的なのです。

また、顕正会のように、折伏がらみの暴力事件をくり返し起こして社会問題化している、文字どおりのカルトもあります。彼らも原理主義的です。

戦前の日蓮主義者・田中智學のように、日蓮仏法を奉じながらも、国家主義の方向に歪《ゆが》めた形で理解してしまう人たちもいます。日蓮大聖人は「元寇《げんこう》（蒙古襲来《もうこしゅうらい》）」という鎌倉時代の国難に立ち向かった人であるため、その宗教思想が国家主義的なものであるという誤解を受けやすい面があるのです。

しかし、日蓮大聖人は当時の鎌倉幕府の最高権力者を、信徒への手紙（「種種御振舞御書」）の中で「わづかの小島のぬしら」と表現していました。つまり、「日本の支配者といっても、世界全体から見れば、わずかばかりの小島の主にすぎないではないか」と、彼らを相対化する視点を保っていたのです。そのことが示すように、大聖人の思想はグローバルであって、日本だけを神聖視するような国家主義的姿勢とは無縁なのです。

田中智學のような、日蓮大聖人を国家主義に結びつける姿勢も、エキュメニカルとは言えません。それは日本だけを神聖視する偏った思想であり、異なる宗教・文化と平和的に併存していこうとする姿勢の対極にあるのですから。

田中智學的な日蓮理解の流れは、やがて二つに分かれました。

一つは、田中が提唱した「八紘一宇《はっこういちう》」(「世界を一つの家にする」を意味する。第二次大戦中、日本の海外侵略を正当化するスローガンとして用いられた)の概念を、軍事力を用いる形で実現していこうとする流れ。石原莞爾などがそうです。

もう一つは、田中智學自身が創設した、日蓮主義と国体主義による社会運動組織「立憲養正會」の流れです。この会は、のちに田中智學の次男がリーダーになってから政治団体色を強めていきます。それはともかく、立憲養正會はテロ行為を否定していました。田中智學自身は戦争も死刑も否定していましたから、軍事力を用いる流れよりは本人の思想に近かったと言えるでしょう。ただ、テロを否定していたとはいえ、国家主義と結びついた偏狭《へんきょう》な日蓮理解であるには違いなく、やはりエキュメニカルとは言えません。

要するに、日蓮仏法を奉ずるグループの中では、創価学会が突出したエキュメニカルな存在なのです。

私は、世界の多くの宗教の中で、エキュメニカルな性格を持った人たちが積極的に対話を進め、世界が直面するさまざまな課題に対して共闘していくべきだと考えています。

たとえば、ISのような原理主義的・反エキュメニカルなグループとは対話自体が成り立ちませんが、イスラムの中でもエキュメニカルな人たちとなら、対話と共闘ができます。キリスト教の中でも、エホバの証人が相手では対話も困難ですが、プロテスタントにもカトリックにもエキュメニカルなグループは存在します。

創価学会は、各宗教のエキュメニカルな潮流の人たちと対話し、共闘していくべきですし、実際、私が言うまでもなく、そのような宗教間対話を積み重ねてきています。

そのような、エキュメニカルな宗教が手を結ぶ国際的ネットワークが、これからの世界においてはものすごく重要になってきます。創価学会は、そのネットワークの中できわめて重い役割を果たすことができるでしょう。

そのネットワークは、それぞれ異なる宗教を信じている人たちの集いになります。しかし、エキュメニカルな考え方によって、宗教的差異を超えて共闘できるはずです。なぜなら、多元性を重視し、人間の生命を尊重するという、根本の共通項があるからです。

エキュメニカルな宗教の連帯によって、原理主義的で偏狭な誤った宗教勢力を封じ込めることができるのです。

エキュメニカルな宗教は他宗教の考え方を尊重し、差異を超えて他宗教と開かれた対話をすることができる。そして、そのような姿勢をとることが世界宗教たる条件の一つである――という話をしました。

他者の幸福追求権を侵害しない

そういう考え方がキリスト教から生まれてきたと聞いて、「それはきっと、キリスト教の博愛主義から来ているんだな」と思った人もいるかもしれません。そこには大きな誤解があって、じつはキリスト教は博愛主義の宗教ではありません。

誤解の元になっているのは、「汝《なんじ》自身を愛するように、汝の隣人を愛せよ」と「敵を愛し、自分を迫害する者のために祈りなさい」という聖書の有名な一節です。この二つの言葉がキリスト教の博愛主義を示していると考える人が多いのですが、そもそもこれは博愛主義を説いたものではありません。

まず前者については、「汝自身を愛するように」という前提があるところがポイントです。これは博愛というよりもむしろ自己愛の大切さを教えた言葉なのです。自己愛というと「ナルシシズム」と混同されがちですが、ここでいうのはよい意味での自己愛――自分を大切にする心のことなのです。

自分を大切にする心がなければ、他者も大切にできません。自分の幸福をちゃんと追求できないような人は、ましてや他人の幸福など追求できません。つまり、自己愛こそが隣人愛の土台であると、聖書のこの言葉は教えているわけです。

このことは、裏返して考えればよくわかると思います。イスラム原理主義のテロリストが自爆テロを行って多くの人を殺すことができるのは、「自分の命を捨てること」に対するハードルが非常に低くなっているからです。自分の命を大切にできないから、他者の命も軽んずることができるわけです。

また、戦前の日本軍では兵士たちの命は「天皇陛下のもの」であって、「自分にとって大切なもの」ではありませんでした。そのような環境に置かれたがゆえに、日本軍の兵士たちは戦地で市民の命を奪うなど、残虐《ざんぎゃく》なことができたわけです。

自分の命を平気で捨てられる人ほど、恐ろしい人はいません。そういう人は平気で他人の命を奪うことができるからです。そうならないように、まずは自分をちゃんと愛しなさい、自分の命を大切にしなさいと、聖書は説いているわけです。

また、後者の「敵を愛し、自分を迫害する者のために祈りなさい」という一節がなぜ博愛主義ではないかといえば、この言葉は「敵の存在」が前提になっているからです。真に博愛主義者であるなら、すべての人間を平等に愛することができるはずですから、そもそも人間を敵と味方に分ける必要もないはずです。

では、この言葉の真意はどのようなものか？　私なりに解釈すれば次のようになります。

人が敵を憎むのは自然の心理だが、憎しみを持つと、相手に対する認識が歪められてしまう。つまり、誤った見方や判断をしてしまう危険がある。だから、敵と接するときや敵に勝つ方法を考えるときには、「敵を愛するくらいの感覚」で接するとよい。そうすることで、相手に対してバランスよく正しい見方ができる……じつはそのような教えなのです。博愛主義どころか、まるでビジネス書に書かれている経営者の心構えのような、冷徹《れいてつ》な教えであるわけです。

話を戻します。他宗教の考え方を尊重するエキュメニズムは、博愛主義から生まれたというよりも、近代社会の自由主義が反映されて生まれたものといえます。

中世においては、人間の生き方に自由などほとんどありませんでした。たとえば、親が道具職人であったとしたら、息子も道具職人になるのがあたりまえでした。しかも、職人としての仕事にも厳しい制限があって、「一年に何個までしか作ってはいけない」とか、「自分が学んだ流派の作り方以外の作り方をしてはいけない」とか、細かく定められていました。がんじがらめの生活だったのです。

ところが、近代になり、資本主義社会が誕生すると、誰もが自由に生きられるようになりました。ただし、一つだけ「これはやってはいけない」という大原則があって、それが「他者危害排除の原則」です。英国の哲学者ジョン・スチュアート・ミルが、『自由論』という著作の中で提唱したもので、かんたんに言えば「人がどう生きようと個人の自由だが、その自由は他者に危害を加えない限りにおいて認められるものである」ということです。

たとえば、なぜ覚醒剤《かくせいざい》の使用は法律で禁じられているのでしょう？　覚醒剤を常用すれば体はボロボロになりますが、「自分の体なのだから、どうボロボロにしようとその人の自由だ」ということに、なぜならないのでしょうか？　そうならないのは、覚醒剤が幻覚や被害妄想を引き起こして、他者への攻撃につながることが実証的に明らかになっているからです。ひどい場合には通り魔殺人事件になって、罪のない他者の命が奪われてしまう——ゆえに、「他者危害排除の原則」に照らして、覚醒剤を禁止せざるを得ないわけです。

しかし、他者に危害を加えない限りにおいて、何をやろうとその人の自由です。それが、自由主義社会の根本原則です。

たとえば、私は猫が大好きで、我が家にはいまも五匹の猫がいます。猫は平均して一五年から二〇年生きますが、エサ代やトイレの砂代などで、だいたい一匹につき六〇万円くらいかかります。病気になって獣医に連れて行けば、その治療費を上乗せして一匹につき一五〇万円くらいかかります。つまり、我が家の五匹の猫たちのために、私はだいたい七五〇万円くらいはお金を費やすことになります。

そう聞いて、「その七五〇万円を、途上国の恵まれない子どもたちのために寄付すべきだ。そのほうが社会の役に立つ」と思う人もいるかもしれません。たしかに、そのほうが人間として立派な行為かもしれません。しかし、たとえ立派ではなかろうと、傍目《はため》には愚かに見えようとも、私が自分で稼いだお金を猫のために費やすことは、私の自由なのです。

そういう権利のことを、ミルは『自由論』の中で「愚行権」と名付けました。他人の目から見て愚かな行為に見えたとしても、その行為が他者への危害につながらない限り、それをすることはその人の自由だ、という意味です。

それは、ある宗教を信ずることについてもしかりです。世の中には、他人の目から見て愚かな教義を持つように見える宗教もあります。しかし、そのような宗教を信ずることも愚行権の範囲内であって、他者がとやかくいうべきではないのです。

そのようにして、他人から見て愚かな行為も互いに認め合うことによって社会が発展していく――それが近代的な自由主義の考え方の根本なのです。世界宗教が他宗教を尊重するというのも、その根底には自由主義の理念があるのです。

ただし、「愚行権」という呼び方はいかにも聞こえが悪いので、いまはもっときれいな呼び方をするようになっています。それは「幸福追求権」という言葉です。

日本国憲法では第一三条に、「すべて国民は、個人として尊重される。生命、自由及び幸福追求に対する国民の権利については、公共の福祉に反しない限り、立法その他の国政の上で、最大の尊重を必要とする」という言葉で、この「幸福追求権」が定められています。

この幸福追求権の中には、じつは愚行権も含まれているのです。たとえ他人から見て愚かに見える行為であっても、それがその人にとっての幸福であるのだから、他者に危害を加えない限り、それを行うことは自由なのです。それが、自由主義社会の根本原則です。世界宗教は、その大原則をふまえたうえで布教をしないといけません。

凡庸な人間が巨大な悪をなす恐ろしさ

この課外講座では、これから創価学会の世界宗教化を担っていくであろう人たちが読むべき本を、随所で紹介してきました。ここでもう一冊、ハンナ・アーレントの『エルサレムのアイヒマン——悪の陳腐《ちんぷ》さについての報告』（みすず書房）という本をお勧めしておきます。

ハンナ・アーレントはドイツ出身のユダヤ人女性で、政治学者です。マールブルク大学時代、ハイデッガー（ドイツの哲学者）の教え子だったのですが、同時に愛人でもありました。既婚者だったハイデッガーと、一時期不倫関係にありました。

ところが、愛人だったハイデッガーは、戦時中にナチスの協力者になってしまいました。一方、アーレントは反ナチスの運動に加わっていたこともあり、ナチスの迫害を逃れてアメリカに亡命し、生涯の終わりまでアメリカで暮らしました。そのような数奇な運命をたどった人です。

ユダヤ人としてナチスの迫害に遭ったアーレントは、政治学者としての半生を費やして、全体主義が大衆を巻き込んでいくプロセスを深く研究しました。その研究をまとめた彼女の主著が、『全体主義の起原』です。ただ、これは全三巻に及ぶ大著であり、内容も難しいので、最初に読む本としてはハードルが高すぎます。そのため、まずは『エルサレムのアイヒマン』から読んでください。

アイヒマンとは、ナチスの高官で、戦時中のホロコーストについても重い責任を負っていたアドルフ・アイヒマンのことです。多くのユダヤ人を「アウシュヴィッツ強制収容所」に移送するにあたって、アイヒマンは指揮的役割を担ったのです。つまり、ユダヤ人の側からしたら絶対に許すことができない重大な戦犯の一人でした。

しかし、そのアイヒマンは戦後、アルゼンチンで逃亡生活を送っていました。一九六〇年、逃亡中のアイヒマンを「モサド」（イスラエルの諜報機関）が探し当てて拘束《こうそく》し、エルサレムに連行して裁判にかけました。

当時、ハンナ・アーレントはアメリカで大学教授をしていましたが、一九六一年から始まったアイヒマンの裁判を、自ら志願してすべて傍聴《ぼうちょう》しました。そして、アイヒマンの死刑が執行されるまでのリポートを、『ザ・ニューヨーカー』誌に連載したのです。『エルサレムのアイヒマン』は、そのリポートを一冊にまとめたものです。

『エルサレムのアイヒマン』は、一九六三年の連載開始と同時に、ユダヤ人社会から激烈な批判を浴びました。なぜかというと、イスラエルがアイヒマンを死刑にするまでの経緯を批判すると同時に、アイヒマンを極悪人として捉えることに疑問を投げかける内容だったからです。アーレント自身もユダヤ人であるにもかかわらず、ナチスの戦犯であるアイヒマンを擁護《ようご》した本だと見做されたのです。

しかし、客観的に見れば、イスラエルのやり方はかなり乱暴なものでした。たとえば、イスラエルでは死刑が廃止されていたにもかかわらず、憲法を一時変更してまで死刑を復活させ、アイヒマンを死刑にしたあとでまた憲法を元に戻したのです。つまり、それはアイヒマン一人を死刑にするための憲法改正だったわけです。ナチスの戦犯を何が何でも死刑にするというすさまじい執念を感じさせますが、果たしてそういうやり方が近代国家として妥当《だとう》であったのかどうか。

アーレントは本の中で、「イスラエルは裁判権を持っていたのか？　アルゼンチンの国家主権を無視してアイヒマンを連行したことは妥当だったのか？」などという疑問を呈しました。

そのような内容であったため、『エルサレムのアイヒマン』は最近まで、イスラエルでは事実上の禁書として扱われていました。ようやくヘブライ語に翻訳されたのは、つい数年前のことなのです。

また、アーレントは本の中で、ずっと裁判を傍聴して受けた印象として、〝アイヒマンはごく普通の小心者で、取るに足らない役人に過ぎなかった〟としました。人間離れした怪物のような極悪人ではなかった、と書いたのです。それが、本の副題にある「悪の陳腐さ（凡庸《ぼんよう》さ）」という言葉の意味です。しかしアーレントは、ユダヤ人社会で誤解されたように、アイヒマンを擁護するためにそう書いたのではありません。むしろ、その逆です。アイヒマンのような凡庸で小心な人間が、ナチスという全体主義の歯車になることで、ユダヤ人の大量虐殺という人類史に残る巨大な悪事をなしてしまった……そのことの恐ろしさ、おぞましさを暴《あば》き出したのです。

なお、アーレントのことは、二〇一二年に『ハンナ・アーレント』という映画にもなっています。これも大変よい映画ですし、アイヒマン裁判についての経緯がストーリーの中心になっているので、みなさんもぜひ観てください。

凡庸な人間が巨大な悪をなす――そのような事例は、アイヒマンのみならず、歴史の中にたくさんあります。もう一つだけ例を挙げるなら、戦時中に満州（現・中国東北部）で中国人捕虜《ほりょ》などを対象におぞましい人体実験をくり返していた「七三一部隊」の部隊長であった石井四郎などは、まさにアイヒマン型の「凡庸な悪」だったと思います。

医学博士でもあった石井四郎陸軍中将は、戦犯としての訴追《そつい》を免れ、戦後は開業医として生きました。近隣の住民がケガや病気をすると、無償で診療を行うこともあったといいます。そんなエピソードが示すとおり、映画や小説に出てくるマッド・サイエンティストのような人物ではなく、一面ではよき家庭人でもあったのでしょう。しかし、そのような「普通の人」が、戦争の真っ只中で軍隊の中に身を置くと、人間を実験材料のように扱う恐ろしい悪事をなしてしまうこともあるのです。

七三一部隊と石井四郎については、青木冨貴子さん（作家・ジャーナリスト）が、ずばり『731――石井四郎と細菌戦部隊の闇を暴く』という優れたノンフィクション作品を著しています。

この本の新潮文庫版は、私が解説を書いています。これも、『エルサレムのアイヒマン』と併せて読んでみることを勧めます。「悪とは何か？」という大テーマについて思索するための、よい材料になるはずです。

「禊」や「祓」とは無縁な創価学会の感覚

これからの世界宗教化の時代にあっては、創価学会員も神道《しんとう》の内在的論理についてもある程度知っておく必要がある――第二章でそんな話をしましたね。例の「漆《うるし》塗り方式」で、ここでもう一度神道について触れておきましょう。

神道的な思考の根本になっているのが、「禊《みそぎ》」と「祓《はらえ》」です。言葉として聞いたことは当然あると思いますが、改めて「禊と祓ってどういうこと？」と聞かれたら、すんなり答えられる人は少ないのではないでしょうか。

「禊」は、日本神話でイザナギが水で身を清める場面に淵源があるとされています。きれいな水で罪や身の穢《けが》れを洗い流す行為が「禊」なのです。また、身に降りかかった悪や不幸を洗い流すという意味もあります。

「祓」は、禊で身を清めたあと、儀式や祝詞《のりと》によって禍《わざわい》を取り払うことを指します。「禊祓《みそぎはらえ》」という言葉もあり、禊と祓は二つでワンセットです。

神道は日本文化の深層に入り込んでいますから、この「禊」「祓」の感覚も、日本人の生活に深く浸透しています。たとえば、汚職をして逮捕された政治家が、一度議員辞職をしたあと、次の選挙には「禊は済んだ」などと言って立候補したりすることがよくあります。そして、有権者の側もなんとなくそれで納得してまた投票し、当選してしまったりするわけです。神道の重要キーワードである「禊」が、そのように日常生活の中で自然に使われているのも、日本文化の深層に入り込んでいるがゆえです。

じつは、この「禊は済んだ」という日本人の感覚が、ユダヤ・キリスト教文明の人たちにとってはまったく理解不能なのです。キリスト教にはすべての人間が背負っている「原罪」の概念《がいねん》がありますし、ユダヤ教においても「罪」というものを重く捉えます。それがどうして、きれいな水で身を清めた程度のことで「洗い流せる」のか、あの人たちにはわからないのです。

日本人同士の会話では「もういいから、水に流そうよ」とか「水に流してくれよ」などとよく言いますが、これは欧米人との会話においては通訳不可能だと思います。なぜなら、「水に流す」というのは「許すのか、許さないのか?」があいまいな、じつに中途半端な決着だからです。

キリスト教世界の人たちにとって、誰かの罪への対応は「許す」か「許さないか」の二者択一しかありません。「水に流す」はどちらでもなく、「その問題については、とりあえず棚上げしておきましょう」というあいまいな対応に見えてしまうのです。

キリスト教圏のみならず、朝鮮半島や中国においても、「水に流しましょう」という日本流の決着は理解不能だと思います。なぜなら、それは神道由来の日本文化の一部であるからです。中国や韓国との歴史認識問題がいまなお尾を引いている背景には、日本側が無意識のうちに「水に流す」という対応をしていることに対する、両国のやはり無意識的な反発も、一因としてあるのだと思います。

「もう戦後七〇年以上も経ったのだし、戦時中のことや植民地時代のことは、そろそろ水に流しましょうよ」——はっきり言葉に出してそうは言わないにしろ、日本側にはどこかそのような感覚があるのだと思います。「禊」と「祓」という日本の特殊な発想は、外部世界から見ると、我々の無責任さの表れに思われてしまう場合がある。宗教に根ざした根本的な感覚の違いは、じつはそういうところにもあるわけです。

ところが、そのような日本社会の中にありながら、創価学会は「罪を水に流す」という日本的な感覚とはまったく無縁です。

たとえば池田会長は、過去の悪行をすぐに水に流して忘れ去ろうとする日本人の傾向を「日本人は〝歴史健忘症《けんぼうしょう》〟である」という表現で批判してきました。また、そのことに呼応するように、『池田大作　名言100選』（中央公論新社）の中には、アジアへの侵略の歴史についての次のような言葉が掲載されています。

〈いまだに、日本の中国への侵略《しんりゃく》戦争という歴史を否定するがごとき言動が見られることは、まったく残念でならない。そのような風潮と徹底して戦うためにも、中国との文化・教育交流にさらなる努力を続けたい〉

〈日本の植民地支配は、政治や経済面だけでなく、文化や精神面にも及んだ。どれだけ韓・朝鮮半島の人々の心を蹂躙《じゅうりん》したか。この歴史を、日本人は決して忘れてはならない〉

（二〇一〇年、一八三頁）

このような歴史感覚は、禊・祓の感覚――言い換えれば「神道的メンタリティ」とはまったく無縁なものと言えます。池田会長は、「自分たちの同胞が過去に行った悪については、けっして忘れてはならない」という覚悟を持っているのです。そして、その上で中国や韓国と和解し、手を携えてアジアの未来を築いていこうとする前向きな志向性を忘れないのです。

創価学会は、さきの戦争に対する「戦争責任」を負っているでしょうか？　まったく負っていないと思います。むしろ、戦争によって蹂躙された被害者側です。軍部による弾圧で牧口常三郎初代会長は獄死し、戸田城聖第二代会長も獄に入り、創価教育学会も壊滅状態に追い込まれたのですから……。そうした立場でありながら、創価学会は被害者という立場に安住しません。むしろ、同胞が行った過去の侵略行為に対する責任をいまも痛感し、忘れないのです。そのような創価学会のスタンスは、戦時抵抗を行った歴史を持つほかの宗教団体と比べても異質です。

そのスタンスはおそらく、創価学会が神道的な禊・祓の感覚とは根本的に異なる宗教観を持っていることと、密接な関係があるのだと思います。

皇族が国際基督教大学に進む理由

ところで、秋篠宮家の長女・眞子内親王と、次女・佳子内親王は、それぞれ国際基督《キリスト》教大学（ICU）を卒業していますね。天皇家の宗教は、歴史的にはともかく、現代においては神道であるはずです。それなのになぜ、二人揃《そろ》ってキリスト教系の大学を選んだのだと思いますか？

じつはその背景には、日本の戦後処理の問題があります。そして、さきほど述べた神道の禊・祓の感覚とも関わりがあります。

日本はなぜあれほど無謀《むぼう》な戦争をしてしまったのか？　戦後処理の過程の中で、マッカーサーをはじめとしたGHQ（連合国軍最高司令官総司令部）の人たちは、その理由をあれこれ議論しました。そして、その議論の結果出された結論の一つとして、「神道の禊の感覚が根強いため、日本人には罪の感覚が希薄である。国を率いるエリート層ですらそうであり、罪を犯してもすぐに水に流してしまえると思っている。だから、あのような暴走をしたのだ」という意見が浮上してきたのです。

では、そうした日本人の欠点を正して今後の暴走を防ぐためには、どうすればよいか？　一つの方策として、GHQは「神道指令」を発し、国家神道体制の徹底解体を行いました。そして、もう一つの方策として、「日本の代表的国立大学に神学部を作り、エリートたちに神学教育を施そう」ということになったのです。

しかし、政教分離原則との兼ね合いから、国立大学に神学部を作るという計画は破綻《はたん》しました。そこで次に、「私立大学として、キリスト教的な考え方と天皇制のアマルガム（混合物）のような新しいエリート大学を創設し、そこを舞台に戦後の新しい日本国体を作っていこう」という計画が浮上したのです。

その結果、一九四九年に創立された（大学設置は一九五三年）のが、国際基督教大学でした。設立準備委員会の名誉総裁になったのは、昭和天皇の実弟であった高松宮でした。そして、設立資金を集めるための募金責任者はダグラス・マッカーサーでした。要するに、マッカーサーと高松宮によって作られた大学なのです。

現在、ICUの公式の歴史やホームページからは、マッカーサーの関わりについての記述はすべて削除されています。しかしいまでも、高松宮の関わりについての記述は残っています。そのような深い関わりを考えれば、秋篠宮家の長女・次女が揃ってICUを選んだのも、何ら不思議なことではありません。

少し前までは、皇族が進学する大学としては学習院大学が一般的でした。ではなぜ、ここ数年急に学習院ではなくICUを選ぶ皇族が増えたのでしょうか？

これは私の解釈ですが、保守的な安倍晋三政権が長期政権になったこともあって、アメリカから「日本の皇室がまた戦前のような危険な方向に進みはしないか」という危惧《きぐ》を持たれるリスクへの配慮があったのだと思います。

有力皇族が学習院大学に進学するよりも、ICUに進んでくれたほうが、アメリカとしては安心できるわけです。なぜなら、ICUはアメリカ的な価値観が根っこにあり、なおかつ皇室も大切にする大学であり、皇室にとってもアメリカにとっても都合のいい大学だからです。

「光の子と闇の子」という二分法の危うさ

ICUといえば、最近私は、ICUの教授や教養学部長などを歴任された武田清子さんが訳した、ラインホールド・ニーバーの『光の子と闇《やみ》の子――デモクラシーの批判と擁護（The Children of Light & the Children of Darkness）』という本の復刊に携わりました。これは、米国で第二次世界大戦末期の一九四四年に刊行され、武田さんが戦後間もない時期に邦訳したもので、私が解説を書いて二〇一七年十月に晶文社から復刊されたのです。

ラインホールド・ニーバーは米国の自由主義神学者ですが、日本ではあまり知られていないかもしれません。ただ、アルコール依存症克服のための組織などによく用いられている「ニーバーの祈り」は、日本でも知っている人が多いでしょう。次のような言葉です。

〈神よ、変えることのできないものを静穏に受け入れる力を与えてください。
変えるべきものを変える勇気を、そして、変えられないものと変えるべきものを区別する賢さを与えてください〉

日本での知名度は高くないニーバーですが、アメリカでは絶大な影響力を持った人物です。というのも、ジミー・カーター、ジョージ・ブッシュ父子、バラク・オバマといったアメリカの歴代大統領も、ニーバーの思想に強い影響を受けているからです。

彼らは、演説でもしばしばニーバーの言葉を引用しました。民主党、共和党双方の大統領が、最も多く引用してきた神学者がニーバーなのです。

なぜ、一神学者であるニーバーの思想が、米大統領たちに強い影響を与えたのか？　その鍵を握《にぎ》るのが、まさにこの『光の子と闇の子』という著作です。

ニーバーは、『新約聖書』「ルカによる福音書」の「この世の子らは、自分の仲間に対して、光の子らよりも賢くふるまっている」という一節をふまえて、この世界には「光の子」と「闇の子」という二つの勢力がせめぎ合っていると考えました。聖書の中では「この世の子」と表現されているものを、ニーバーは「闇の子」と名付けたのです。

聖書に「光の子らよりも賢くふるまっている」とあるとおり、「闇の子」たちはこの世においては知恵がある、とニーバーは考えました。なぜなら、闇の子は平気でウソをつき、人間的なものに価値を認めず、生命を軽視する行動が平気でできるからだ、と……。そのような悪の勢力のほうが、人を出し抜く狡知《こうち》に長《た》けているわけです。

だからこそ、光の子たちが団結して立ち向かわないと、この世に闇の子がはびこるようになってしまうと、ニーバーは訴えかけました。

第二次大戦末期という時期に刊行されたこともあり、この本の中でニーバーはナチス・ドイツなどのファシズム国家を「闇の子」と位置づけ、米国をはじめとした民主主義国陣営を「光の子」と位置づけていました。

戦後、アメリカは「世界の警察」たることを目指し、さまざまな国際紛争に介入していくわけですが、それはニーバーの思想が大統領らに影響を与えたことが大きな要因だったのです。米国は民主主義社会の盟主《めいしゅ》として、まさに自らを「光の子」勢力のリーダーと捉え、世界の「闇の子」たちと戦うという使命感に燃えていたわけです。

第二次大戦中の「闇の子」はナチスでしたが、戦後の東西冷戦期になると、ニーバーは『アメリカ史の皮肉』（一九五二年刊）という著作の中で、共産主義国こそ「闇の子」だと主張しています。米国が反共国家となった背景にも、ニーバーの思想の影響があったわけです。

ニーバーは一九七一年に亡くなりましたが、その後もずっと、「光の子と闇の子」という二分法はアメリカ政治の根底にありました。たとえば「九・一一」以後は、アルカイダを筆頭としたイスラム原理主義テロリストたちが「闇の子」と見做されました。そのように、「闇の子」は時期に応じて変遷するものの、アメリカはつねに「光の子」の盟主として自己規定してきたわけです。一人の神学者が大国アメリカの動向に多大な影響を与えてきたことに驚かされますが、それはアメリカがいまもキリスト教を土台とした宗教国家であるという証でしょう。

ところが、ドナルド・トランプが大統領になったことで、アメリカは戦後初めてラインホールド・ニーバーの影響下から脱しつつあります。トランプはよくも悪くも根っからの「ディール（商取引）の人」であって、ニーバーの思想になどまったく興味がないでしょう。だからこそ、トランプ大統領のもとでアメリカは「世界の警察」たることをやめ、グローバリズムに背を向けた自国第一主義の道をひた走っているわけです。

しかし、そのことが必ずしも悪いことだとは、私は思いません。大統領が自国を「光の子」と位置づけ、絶対的正義だと思い込むことには大きな危うさが伴うからです。少なくとも、トランプはそのような危うさからは遠い人でしょう。

『光の子と闇の子』は、私にとって個人的にも思い出深い本です。というのも、埼玉県立浦和高校時代、倫理社会の教師であった堀江六郎先生から「大学入試の準備も兼ね、英語の思想書を読みましょう」と誘われ、先生の講義のもと、悪戦苦闘しながらも原語で読み終えた一書であるからです。

堀江先生は東大文学部と大学院で倫理学を専攻した教養人で、カトリック教徒でもありました。そして講義の中で、大国アメリカが自らを「光の子」という絶対正義として規定する危うさについても指摘してくれました。

「光の子に欠けているのは、人間の罪に対する認識です。パウロが述べている『わたしは自分の望む善は行わず、望まない悪を行っている』という根源的な反省を欠いているのです。人間の罪について無自覚な社会改革の思想は、必ず悪政をもたらします」と、先生は私に言いました。その言葉は強く印象に残っています。

悪に対する怒りは、もちろん世界宗教にとっても大切な要素です。しかし、自らを無反省に正義と決めつけ、自分と異なる思想や宗教を持った相手を悪と決めつける短絡は、厳《げん》に戒めなければなりません。

創価学会の場合は、生命の尊厳を絶対的に重んじる思想と、いかなる人間も奥底《おうてい》には九界という生命状態と共に「仏界」という尊極《そんごく》の生命を持っていると考える平等思想によって、そのような短絡を免れることができるのでしょう。その点でも、創価学会はこれからの世界宗教たる資格を具《そな》えていると、私は思います。

以上で、私の課外講座を終わります。みなさん、長い間おつかれさまでした。また、熱心な聴講をありがとうございました。人類の未来も平和な社会も、若いみなさん方の学びと行動にかかっています。さらに研鑽《けんさん》を深めてもらえるよう心から期待しています。

あとがき

私の理解では、この世界には二つの種類の宗教が存在する。

第一は、宗教は人間の内面とか、あの世（彼岸）に関する事柄で、生活の全領域を覆う者ではないという考え方だ。商売繁盛とか合格祈願のような「苦しいときの神頼み」のようなものもこの類型に属する。

第二は、生活の全領域を支配する宗教だ。私は、日本最大のプロテスタント教団である日本基督教団に属するキリスト教徒である。同志社大学神学部と同大学院神学研究科で組織神学（キリスト教の理論）を学んだ。二〇一六年からは母校の同志社大学神学部の客員教授として神学生たちに組織神学を教えている。キリスト教徒は生活の中心に信仰がある。とくにプロテスタンティズムの場合、「信仰のみ」ということを強調する。この信仰のみという考え方は誤解してとらえられている。内心に信仰があれば、行為は関係ないという誤解だ。カトリシズムは「信仰と行為」が救済のために必要と説く。この発想には、信仰と行為が分離可能であるという前提がある。プロテスタンティズムはこの前提を否定する。ほんものの信仰があるならば、それは必ず行為になる。信仰即行為なのである。

創価学会員の生活の中心は信仰だ。そして、自らの信仰は生活の全領域に及ぶ。そこには、家庭や職場だけでなく、政治も含まれる。自らと価値観を共有する人々が政治を担って、民衆の幸福を増進することこそが真の信仰であると学会員は考えている。だから、多くの学会員が、生命を尊重する人間主義に立脚する公明党を支持し、選挙運動に積極的に参加しているのだ。

私は創価学会員ではないが、自らの信仰を生活の全領域で貫く学会員の生き方を尊敬する。同時にそれは、世界宗教としての創価学会の特徴だと考える。キリスト教は世界宗教である。だから、世界宗教を信じる創価学会員の信条を精神においてとらえることができるのである。

世界宗教にはさまざまな特徴があるが、その一つが信仰の継承だ。私は同志社大学神学部での教育に全力を傾注することで、キリスト教信仰を次世代に継承することを考えている。この仕事をしているうちに世界宗教である創価学会の池田大作第三代会長が創立者である創価大学について関心を持つようになった。創価大学の建学の精神は、

「人間教育の最高学府たれ」(Be the highest seat of learning for humanistic education.)

「新しき大文化建設の揺籃たれ」(Be the cradle of a new culture.)

「人類の平和を守るフォートレス(要塞)たれ」(Be a fortress for the peace of humankind.)

である。

「新しき大文化建設の揺籃たれ」について、創価大学ホームページでは、

〈中世ヨーロッパに誕生した大学は、キリスト教を基盤にスコラ哲学を発展させ、ルネサン

ス（人間復興）を生み出すのに大きな役割を果たしました。現代においては、新たなる地球文化を生み出すために、今一度、あらゆる学問、理性、感情等を統合し、正しく位置づける哲学が要請されています。その哲学の基軸となるのは「人間」であり、求められるべきは、真の「教養」をそなえた地球市民としての創造的人間にほかなりません。

地球市民とは、智慧と勇気と慈悲の人といえるでしょう。人種や民族や文化の差異を尊重し、理解し、成長の糧とする勇気。遠いところで苦しんでいる人々にも同苦し、連帯していく慈悲。その勇気と慈悲の心から、智慧は限りなく湧いてきます。創価大学は、地球市民すなわち創造的人間の連帯をもとに新たなる地球文化建設の揺籃たることを目指します〉

と解説されている。このような理念の下で学び、世界に飛翔する創価大生たちと、私は世界宗教について、共に学びたいと願っていた。その願いが叶い、本書が生まれた。

私は、この講座を通じて、世界宗教であるキリスト教の遺産（それには肯定的なものもあれば、否定的なものもある）を、日本と世界の平和のために活かしていければと思い、この講座の準備を行った。私の講座を受けてくれた創大生たちは、勉学熱心であるとともに、信仰を生活の中心に据えている学生が多くいた。さらに、勉学によって得られた成果を自己の栄達のためだけではなく、世界平和のために活用することを真摯に考えていた。学生たちの勉学と生活の中心には常に、平和・文化・教育という柱のもと世界の恒久平和を築くために行動を重ねてきた池田大作先生がいる。創価大学の創立者である池田先生の期待に応える人材に育ちたいと学生たちは一生懸命だった。師弟不二の関係が生きていることを私は講座を通じて実感した。この現実から私は強い感銘を受けた。

じつは、私が神学者として、また職業作家として仕事をするのもイエス・キリストに従い、自らのつたない努力を少しでも神のために使いたいと考えるからだ。具体的内容については、本文でくわしく述べたので、ここではくり返さないが、宗門との訣別、世界広宣流布、公明党の与党化は、キリスト教史との類推（アナロジー）で考えた場合、創価学会が世界宗教化するために通らなくてはならなかった必然的な過程なのである。

この講座が二〇一七年九月から十二月に行われたことにも特別の意味がある。この年の十一月十八日に創価学会の会憲が施行された。これは世界宗教史上に特記される出来事なのである。会憲前文にはこう記されている。

〈牧口先生、戸田先生、池田先生の「三代会長」は、大聖人の御遺命である世界広宣流布を実現する使命を担って出現された広宣流布の永遠の師匠である。「三代会長」に貫かれた「師弟不二」の精神と「死身弘法」の実践こそ「学会精神」であり、創価学会の不変の規範である。日本に発して、今や全世界に広がる創価学会は、すべてこの「学会精神」を体現したものである。

池田先生は、戸田先生も広宣流布の指揮をとられた、「三代会長」の師弟の魂魄を留める不変の根源の地である信濃町に、創価学会の信仰の中心道場の建立を発願され、その大殿堂を「広宣流布大誓堂」と命名された。

２０１３年11月５日、池田先生は、「大誓堂」の落慶入仏式を執り行なわれ、「広宣流布の御本尊」を御安置され、末法万年にわたる世界広宣流布の大願をご祈念されて、全世界の池田門下に未来にわたる世界広宣流布の誓願の範を示された。

世界の会員は、国籍や老若男女を問わず、「大誓堂」に集い来り、永遠の師匠である「三代会長」と心を合わせ、民衆の幸福と繁栄、世界平和、自身の人間革命を祈り、ともどもに世界広宣流布を誓願する。

池田先生は、創価学会の本地と使命を「日蓮世界宗創価学会」と揮毫されて、創価学会が日蓮大聖人の仏法を唯一世界に広宣流布しゆく仏意仏勅の教団であることを明示された。

そして、23世紀までの世界広宣流布を展望されるとともに、信濃町を「世界総本部」とする壮大な構想を示され、その実現を代々の会長を中心とする世界の弟子に託された。

創価学会は、「三代会長」を広宣流布の永遠の師匠と仰ぎ、異体同心の信心をもって、池田先生が示された未来と世界にわたる大構想に基づき、世界広宣流布の大願を成就しゆくものである〉

私の講座を受けてくれた創大生たちの中には、まさに日蓮世界宗創価学会が世界宗教化に向かう潮流の渦中で、世界平和への強い使命感を持ちつつ、社会のさまざまな分野で活躍している若者がいる。受講生と私は、五年に一回、クラス会をする約束をした。一回目は少し早く、二〇一九年の初頭に行ったが、二回目は二二年、三回目は二七年、四回目は三二年と、私が元気な限り続けていきたいと思っている。五年ごとに創価学会の世界宗教化がどのように進んでいるかについてかつて私が教えた学生たちから報告を受けることが今から楽しみだ。

本書を上梓するにあたっては、潮出版社の幅武志氏にたいへんにお世話になりました。創大OBで、講座にも毎回、同席してくださった幅氏の熱意なくして、本書が世に出ることはありませんでした。どうもありがとうございます。

二〇一九年八月二十七日、同志社女子大学の集中講義で出張中の京都にて

佐藤　優

本書で紹介された主な書籍

『ハディース　イスラーム伝承集成』〈全2巻〉中公文庫、牧野信也（翻訳）
『新・人間革命』〈全30巻〉聖教ワイド文庫、池田大作
『同志社大学神学部』光文社新書、佐藤優
『牧口常三郎全集』〈全10巻〉第三文明社、牧口常三郎
『民衆宗教の時代――キリスト教神学の今日的展開』新教出版社、ハービー・コックス
『二十一世紀の平和と宗教を語る』潮出版社、池田大作×ハービー・コックス
『池田大作全集（社会と宗教）第6巻』聖教新聞社、池田大作×ブライアン・ウィルソン
『法華経の智慧』普及版〈全3巻〉聖教新聞社、池田大作
『「池田大作 大学講演」を読み解く――世界宗教の条件』潮出版社、佐藤優
『池田大作　名言100選』中央公論新社、池田大作
『二十一世紀への対話』〈全3巻〉聖教ワイド文庫、池田大作×アーノルド・トインビー
『地球時代の哲学――池田・トインビー対談を読み解く』潮新書、佐藤優
『日本古典文学大系（愚管抄）第86』岩波書店、岡見正雄、赤松俊秀（校注）
『いっきに学び直す日本史』〈教養編〉〈応用編〉東洋経済新報社、安藤達朗（著）、佐藤優（編集）、山岸良二（監修）
『神曲』〈地獄篇〉〈煉獄篇〉〈天国編〉河出文庫、ダンテ（著）、平川祐弘（翻訳）
『ゲーテ全集（ファウスト）第3巻 戯曲』新装普及版、潮出版社、ゲーテ（著）、山下肇（翻訳）
『新編日本古典文学全集（太平記）』〈全4巻〉小学館、長谷川端（翻訳）
『キリシタン版 太平記抜書』〈全3巻〉キリシタン文学双書、高祖敏明（校注）
『人間革命』第2版〈全12巻〉聖教ワイド文庫、池田大作
『創価学会と平和主義』朝日新書、佐藤優

『法の精神』〈全3巻〉岩波文庫、モンテスキュー(著)、野田良之(翻訳)
『アメリカのデモクラシー』〈全2巻〉岩波文庫、アレクシ・ド・トクヴィル(著)、松本礼二(翻訳)
『八甲田山死の彷徨』新潮文庫、新田次郎
『経済学・哲学草稿』岩波文庫、マルクス(著)、城塚登(翻訳)田中吉六(翻訳)
『荀子』〈全2巻〉岩波文庫、金谷治(翻訳)
『キリスト教史』講談社学術文庫、藤代泰三
『自由論』光文社古典新訳文庫、ジョン・スチュアート・ミル(著)、斉藤悦則(翻訳)
『エルサレムのアイヒマン——悪の陳腐さについての報告』みすず書房、ハンナ・アーレント(著)、大久保和郎(翻訳)
『全体主義の起原——反ユダヤ主義』みすず書房、ハンナ・アーレント(著)、大久保和郎(翻訳)
『731——石井四郎と細菌戦部隊の闇を暴く』新潮文庫、青木冨貴子
『光の子と闇の子——デモクラシーの批判と擁護』晶文社、ラインホールド・ニーバー(著)、武田清子(翻訳)

本書で紹介された主な映画作品

『ゼロ・ダーク・サーティ』2012年、キャスリン・ビグロー(監督)、ジェシカ・チャステイン(出演)
『八甲田山』1977年、森谷司郎(監督)、高倉健(出演)
『沈黙—サイレンス—』2016年、マーティン・スコセッシ(監督)、アンドリュー・ガーフィールド(出演)
『人間革命』1973年、舛田利雄(監督)、丹波哲郎(出演)
『続・人間革命』1976年、舛田利雄(監督)、あおい輝彦(出演)
『ハンナ・アーレント』2012年、マルガレーテ・フォン・トロッタ(監督)、バルバラ・スコヴァ(出演)

佐藤　優（さとう・まさる）
1960年東京都生まれ。同志社大学大学院神学研究科修了後、
専門職員として外務省に入省。在ロシア日本大使館に勤務、
帰国後は外務省国際情報局で主任分析官として活躍。
2002年、背任と偽計業務妨害容疑で逮捕・起訴され、09年6月に
執行猶予付有罪確定。13年6月執行猶予満了。
『国家の罠』（毎日出版文化賞特別賞）、
『自壊する帝国』（新潮ドキュメント賞、大宅壮一ノンフィクション賞）、
『創価学会と平和主義』『地球時代の哲学 池田・トインビー対談を読み解く』
『21世紀の宗教改革 小説「人間革命」を読む』
など著書多数。

世界宗教の条件とは何か

2019年10月 2 日　初版発行
2019年11月18日　 2 刷発行

著　者　　佐藤　優
発行者　　南　晋三
発行所　　株式会社潮出版社
〒102-8110
東京都千代田区一番町6　一番町SQUARE
電話／03-3230-0781（編集）
03-3230-0741（営業）
振替口座／00150-5-61090
印刷・製本　中央精版印刷株式会社
装幀　Malpu Design（清水良洋）
本文デザイン　Malpu Design（佐野佳子）

ISBN978-4-267-02208-1 C0095